farsi un'**idea**

101.

I lettori che desiderano informarsi
sui libri e sull'insieme delle attività della
Società editrice il Mulino
possono consultare il sito Internet:

www.mulino.it

Valerio Onida

LA COSTITUZIONE

Seconda edizione aggiornata

il Mulino

1ª edizione 2004
2ª edizione aggiornata 2007

ISBN 978-88-15-11802-8

Indice

1. *Guardando al passato: l'idea di Costituzione*

«Un popolo, che non riconosce i diritti dell'uomo e non attua la divisione dei poteri, non ha Costituzione»

L'idea di avere delle leggi scritte, magari incise su tavole di pietra o di metallo, destinate a regolare la vita di una società pur cambiando gli individui e trascorrendo il tempo, è antica. Ognuno di noi ha sentito parlare del Codice di Hammurabi o delle Dodici Tavole dell'antica Roma.

Più moderna è l'idea di Costituzione: un nome che, nella storia, è stato attribuito a documenti giuridici e legislativi. Letteralmente vuol dire «qualcosa di stabilito» – una parola usata in senso equivalente è «statuto» – e più precisamente, in questa parola, si esprime l'idea della struttura essenziale propria di un organismo. In senso figurato, parliamo di costituzione di un organismo sociale per indicare la sua struttura fondamentale. In senso giuridico, la Costituzione racchiude le leggi che regolano i fondamenti di una organizzazione sociale e politica.

In che senso allora quella di Costituzione è un'idea moderna?

Nelle civiltà umane le leggi scritte si rivolgono dapprima essenzialmente agli individui, ai soggetti, ai sudditi di coloro – re, principi, imperatori, magistrati, capi insomma, comunque denominati – che esercitano l'autorità nella società. Sono l'espressione dell'autorità. Esse stabiliscono gli obblighi dei soggetti, e fissano le sanzioni (le pene) per coloro che li trasgrediscono. Il termine stesso soggetti, nella sua ambiguità, indica gli individui cui si riconosce giuridica esistenza (una soggettività), ma esprime la subordinazione (la soggezione) all'autorità sociale.

Le moderne Costituzioni invece – ecco la novità – vengono scritte per fissare *limiti* al potere di chi comanda, per definire le *condizioni* e i *modi* in cui l'autorità deve essere esercitata (se si violano queste condizioni e questi modi, l'autorità opera «incostituzionalmente», cioè fuori o contro la Costituzione); e per fissare i *diritti* dei soggetti nei confronti dell'autorità, che non può *legalmente* violarli.

Si capisce allora perché l'assemblea rivoluzionaria francese, che avviò, nel 1789, il primo processo costituente del continente europeo, quando emanò la *Dichiarazione dei diritti dell'uomo e del cittadino*, inserì, all'art. 16, una formula apparentemente strana: «Un popolo, che non riconosce i diritti dell'uomo e non attua la divisione dei poteri, non ha Costituzione».

Formula strana, rispetto a un concetto neutro, puramente definitorio, di Costituzione, che voglia esprimere solo la natura fondamentale e costitutiva di certe regole rispetto all'organizzazione di una società. In questo senso, è chiaro, ogni società politica *ha* una Costituzione, nel senso che si possono individuare le regole fondamentali che la reggono, fosse pure solo la regola che attribuisce a un sovrano tutti i poteri e obbliga tutti i soggetti a obbedire ai suoi comandi. Ma i rivoluzionari francesi non avevano in mente un concetto neutro, volevano proprio affermare i diritti degli individui *verso* le autorità e stabilire le regole in base alle quali le autorità avrebbero dovuto esercitare il loro potere: non più un potere *assoluto*, concentrato nella persona del sovrano, anche se esercitato, per suo conto e in suo nome, e sotto il suo controllo, da molteplici autorità, ma un potere regolato e suddiviso fra più autorità. Appunto, la divisione dei poteri.

L'idea moderna di Costituzione è legata a precisi *contenuti* delle leggi fondamentali. Il *costituzionalismo*, nel senso in cui noi ne parliamo, non è dunque semplice scienza «neutrale» delle leggi costitutive degli Stati, ma è lo sviluppo di *quelle* idee fondamentali. Non è un caso che nel mondo contemporaneo, in genere, quando ci si è allontanati da quelle idee e le si sono rifiutate, dando vita a esperienze politiche autoritarie, si sia rifiutata la stessa idea di Costituzione. La Germania nazista non ebbe una Costituzione; non la ebbe il fascismo in Italia, che mantenne in vita, come guscio vuoto, l'antico Statuto di Carlo Alberto, e al massimo giunse a condensare alcuni principi nella cosiddetta *Carta del lavoro*; non la ebbe la Spagna franchista. Si potrebbe obiettare che gli Stati a regime comunista – anch'essi autoritari – a partire dall'Unione Sovietica, si diedero invece assai presto delle Costituzioni. Ma, in verità, si trattava di esperienze politiche che, almeno in teoria, non rinnegavano del tutto l'idea dei diritti costituzionali e di un esercizio democratico del potere, ma pretendevano di svilupparla in una diversa direzione: ciò che non si poteva dire, invece, per le esperienze autoritarie di tipo fascista.

Poiché le Costituzioni, in senso moderno, nascono per limitare il potere e garantire i diritti, è insito in questa idea anche un aspetto di *patto* tra chi detiene il potere, e si impegna a rispettare e garantire i diritti, e i soggetti di questi diritti, che riconoscono l'autorità in quanto si impegna a rispettare il patto. Da questo punto di vista, gli antecedenti delle moderne Costituzioni sono quegli atti, come la celebre *Magna Charta* inglese del 15 giugno 1215, che sancivano patti di questo genere fra sovrani e gruppi qualificati di soggetti. Il termine Carta (in inglese *Charter*, che vuol dire appunto contratto, statuto) per questo viene spesso usato come sinonimo di Costituzione. L'idea di base è sempre quella del potere *limitato*, e dunque non più assoluto. Nelle esperienze moderne, il patto che fonda la Costituzione interviene spesso fra un sovrano, che rinuncia al carattere assoluto del suo potere, e il popolo che rivendica le sue libertà. Più di recente, acquisita l'idea che sovrano è solo il popolo, si parla del patto costituzionale stretto fra le forze sociali e politiche che si riconoscono nel quadro definito, appunto, dalla Costituzione.

Ma riconoscimento dei diritti e divisione dei poteri (come strumento per garantire i diritti) non erano visti, alle origini del costituzionalismo moderno, come semplici opzioni politiche contingenti, adottate in vista di specifiche circostanze di tempo e di luogo. Erano *idee tendenzialmente universali*, che traducevano in principi e regole giuridiche verità percepite come preesistenti alla volontà di qualunque legislatore. I diritti dell'uomo erano visti come diritti spettanti per natura a *tutti* gli uomini, e quindi venivano *riconosciuti* (come dice anche l'art. 2 della Costituzione italiana) e non graziosamente concessi. Se ci si riferiva ai soli cittadini, era nell'ambito di una concezione in cui erano cittadini tutti i membri della collettività, stabilmente insediata in un territorio, che dava vita allo Stato, e quindi «uomo» e «cittadino» non si contrapponevano (infatti è ai diritti «dell'uomo e del cittadino» che si riferiva la dichiarazione francese del 1789; e oggi spesso parliamo in un senso più vasto dei «diritti di cittadinanza» che nascono dal semplice fatto di vivere nell'ambito di una collettività territoriale).

Lo strano caso della Gran Bretagna: si può fare a meno di una Costituzione ed essere una democrazia?

Se oggi quasi tutti gli Stati, di antica o di recente formazione, hanno una Costituzione scritta, c'è però una rilevantissima eccezione: la Gran Bretagna. Se si segue il criterio sostanziale enunciato nell'art. 16 della dichiarazione del 1789, bisogna però dire che anche la Gran Bretagna *ha* una Costituzione, perché riconosce i diritti e attua la divisione dei poteri. Solo che quei principi i britannici non hanno mai avuto necessità di proclamarli per iscritto in una legge costituzionale, perché essi si sono progressivamente affermati e consolidati attraverso una evoluzione costituzionale più continua e meno interrotta da eventi traumatici di quanto non sia avvenuto nel continente europeo. Così che, almeno a partire da quella che gli inglesi chiamano la Rivoluzione gloriosa del 1688, lo Stato britannico si configurava già come uno Stato costituzionale, in cui certi diritti e certi principi di divisione dei poteri valevano come regole non tutte scritte, ma rispettate e osservate, e considerate supreme e inviolabili. E anzi all'organizzazione e alla pratica costituzionale del Regno Unito guardarono come a un modello i costituenti europei, specie quando, nel corso dell'Ottocento, concluse l'epoca rivoluzionaria e quella napoleonica, gli Stati del continente si diedero assetti che univano alla tradizione monarchica restaurata le conquiste, ormai definitive, del tempo nuovo.

La singolarità dell'esperienza inglese si collega alle particolari vicende storiche del Regno Unito, in cui i sovrani non riuscirono mai a conquistare quella posizione di assoluto predominio che ebbero in altri paesi a partire dal XVI secolo, essendo il loro potere sempre limitato e bilanciato da quello di altri soggetti, in particolare del Parlamento, in cui si riunivano gli esponenti dei ceti che contavano, e in cui questi altri soggetti riuscivano a strappare al sovrano concessioni e riconoscimenti (non per niente la Gran Bretagna è considerata la «madre dei Parlamenti»). La relativa debolezza della monarchia inglese fece sì che queste concessioni non fossero mai interamente dimenticate.

L'esempio britannico mostra che per avere una Costituzione – nel senso sostanziale in cui ne parlava la *Dichiarazione dei diritti* del 1789 – non occorre avere un testo legislativo scritto con i contenuti tipici delle Costituzioni. Tuttavia questo è un caso difficilmente ripetibile, perché singolare è la storia da cui esso nasce. Del resto anche gli inglesi, quando hanno sentito il bisogno di modificare in qualche aspetto la loro Costituzione (per esempio, quanto al rapporto fra le due Camere), hanno fatto ricorso a leggi scritte. Da ultimo, anche la Gran Bretagna ha introdotto nel proprio ordinamento una legislazione intesa a dare applicazione ai diritti garantiti dalla Convenzione europea dei diritti dell'uomo e delle libertà fondamentali, sottoscritta a Roma il 4 novembre 1950 (*Human Rights Act*, 1998), e ha accettato che l'Unione europea, di cui essa fa parte, si dia una

Costituzione scritta che contiene la carta dei diritti: non si può quindi più nemmeno dire che l'Inghilterra non conosca un catalogo scritto dei diritti fondamentali.

La nascita del costituzionalismo: Stati Uniti d'America e Francia

In ogni caso, la storia della stragrande maggioranza degli altri paesi è diversa. Qui le Costituzioni sono nate per sancire solennemente l'inizio, spesso originato da eventi rivoluzionari, di nuove fasi della vita costituzionale, coincidenti con l'accoglimento dei principi di libertà, di democrazia, di separazione dei poteri, e quindi hanno enunciato solennemente, per iscritto, quei principi.

La prima in ordine di tempo fu la Costituzione americana. Nel 1776 i rappresentanti di quelle che erano state colonie inglesi nel Nordamerica approvarono la celebre *Dichiarazione di indipendenza* che si apriva con queste parole:

> Noi riteniamo incontestabili ed evidenti per se stesse le seguenti verità: che tutti gli uomini sono stati creati uguali, che essi sono stati dotati dal loro Creatore di alcuni diritti inalienabili, che tra questi diritti sono, in primo luogo, la vita, la libertà e la ricerca della felicità. Che, per assicurare il godimento di questi diritti, gli uomini hanno stabilito tra loro dei governi di cui la giusta autorità emana dal consenso dei governati.

Il 17 settembre 1787 i rappresentanti degli Stati diedero vita, nella Convenzione di Filadelfia, alla Costituzione degli Stati Uniti d'America. Essa era composta di soli 7 lunghi articoli e si limitava a disciplinare i poteri della Federazione e i nuovi organi federali: il Congresso, il presidente, il potere giudiziario federale, costituito dalla Corte suprema e dalle Corti inferiori che il Congresso stabilisce.

Dei diritti il testo originario non si occupava, se non incidentalmente trattando dei limiti del potere legislativo del Congresso, ma la proposta di aggiungere alla Costituzione un *Bill of rights* (una Carta dei diritti), fu portata avanti immediatamente: nel 1788, con la ratifica da parte di nove degli Stati firmatari, la Costituzione entrò in vigore, nel 1789 il primo Congresso, riunito a New York, deliberò i primi dieci emendamenti alla Costituzione che, ratificati dagli Stati, entrarono in vigore nel 1791. Riguardano le libertà di religione, di parola, di stampa, di riunione e di petizione; il diritto di portare armi; i limiti alla requisizione delle case da parte di militari; la garanzia contro perquisizioni e sequestri arbitrari; il diritto ad essere giudicati da una giuria popolare, a non essere costretti a testimoniare contro se stessi, a non essere privati della vita, della libertà o della proprietà al di fuori di un *due process of law*, cioè di una procedura garantista legalmente stabilita; il diritto a non vedere espropriati i propri beni senza giusto indennizzo; il diritto degli imputati ad un processo pubblico, imparziale e rapido, e il diritto di difesa; il divieto di multe e di cauzioni eccessive, e di pene crudeli o inusuali.

Dopo di allora la Costituzione americana è stata più volte emendata, seguendo la procedura prevista dall'art. 5. Ma, sugli oltre 10.000 emendamenti proposti, solo altri 17 sono stati approvati (l'ultimo, il ventisettesimo, è del 1992). Si tratta di una procedura non semplice, che mette al riparo da facili cambiamenti: occorre una proposta formulata da entrambe le Camere a maggioranza di due terzi o da un'apposita convenzione convocata su iniziativa dei Parlamenti di due terzi degli Stati; e la modifica deve essere approvata dai Parlamenti o da apposite convenzioni di almeno tre quarti degli Stati. In ogni caso la struttura fondamentale della Costituzione è rimasta invariata. Gli americani sono, così, giustamente fieri di avere ancora oggi la più longeva Costituzione scritta del mondo.

L'altro grande paese-guida nella storia delle Costituzioni scritte, la Francia, è invece quello che ha conosciuto, forse, il più alto numero di Costituzioni nel tempo: 15 in poco più di 200 anni! Tuttavia questa grande variabilità di testi non riguarda nella stessa misura tutti i tipi di norme costituzionali. Il primo testo è la *Dichiarazione dei diritti dell'uomo e del cittadino* del 26 agosto 1789, collocata in seguito in testa alla prima Costituzione, del 1791. Essa non si limitava, nei suoi 17 articoli, a sancire i fondamentali diritti civili (libertà dagli arresti arbitrari, legalità dei reati e delle pene, libertà religiosa e di pensiero, diritto di accedere alle cariche e agli impieghi pubblici in condizioni di eguaglianza), ma enunciava i principi dell'organizzazione politica: eguaglianza di diritti fra tutti gli uomini, la «utilità comune» come unico fondamento delle distinzioni; conservazione dei diritti «naturali e imprescrittibili» dell'uomo – «la libertà, la sicurezza e la resistenza all'oppressione» – come scopo di ogni organismo politico; principio di libertà (solo la legge può vietare o imporre); la proprietà come diritto «inviolabile e sacro», di cui si può essere espropriati solo per necessità pubblica legalmente constatata e previo un giusto indennizzo; il principio di ogni sovranità fondato essenzialmente sulla «Nazione»; la legge «espressione della volontà generale», alla cui formazione tutti i cittadini hanno diritto di concorrere personalmente o attraverso i loro rappresentanti; il dovere di tutti i cittadini di contribuire alle spese pubbliche in proporzione alle proprie possibilità, secondo determinazioni assunte con il consenso e il controllo dei cittadini o dei loro rappresentanti: fino alla già vista affermazione dell'art. 16, che identifica nella garanzia dei diritti e nella separazione dei poteri l'essenza di ogni Costituzione.

Questi principi, anche se in certi periodi rinnegati o non applicati, restano alla base dell'esperienza costituzionale francese ed europea. Alcune Costituzioni successive recavano nuove dichiarazioni dei diritti (in particolare, la prima Costituzione repubblicana, del 1793, e la Costituzione della seconda Repubblica, del 1848, accompagnavano alla proclamazione dei diritti tradizionali ampie enunciazioni di diritti sociali); ma anche le Costituzioni succedute alla restaurazione (1814, 1830) riprendevano quanto meno in parte i contenuti della Dichiarazione originaria, come parte essenziale del «diritto pubblico dei Francesi» (così si intitolava la prima sezione delle due Costituzioni monarchiche). La stessa Costituzione del secondo impero napoleonico (1852), pur tornando a una forma di governo incentrata sui poteri dell'imperatore, al primo articolo riconosceva, confermava e garantiva «i grandi principi proclamati nel 1789, e che sono la base del diritto pubblico dei Francesi». E se il progetto di Costituzione del 19 aprile 1946, respinto dal referendum popolare, conteneva una nuova, articolata e ricca «dichiarazione dei diritti dell'uomo», la Costituzione del 27 ottobre 1946, poi approvata, si limitava invece, nel suo preambolo, a riaffermare solennemente «i diritti e le libertà dell'uomo e del cittadino consacrati dalla *Dichiarazione dei diritti* del 1789 e i principi fondamentali riconosciuti dalle leggi della Repubblica», oltre che a proclamare, come «particolarmente necessari al nostro tempo», alcuni «principi politici, economici e sociali», relativi fra l'altro all'uguaglianza della donna, al diritto al lavoro, ai diritti sindacali e di sciopero, alla protezione sociale, al diritto all'istruzione, alla pace e alla giustizia internazionale. A sua volta il preambolo della Costituzione del 1958, tuttora in vigore, si apre con la solenne proclamazione dell'attaccamento del popolo francese «ai Diritti dell'uomo e ai principi della sovranità nazionale come sono definiti dalla Dichiarazione del 1789, confermata e completata dal preambolo della Costituzione del 1946».

Attraverso questa serie di richiami la *Dichiarazione dei diritti* che sta all'inizio della Rivoluzione francese resta dunque un testo costituzionale in vigore, tanto che il Consiglio costituzionale (il corrispondente in Francia della nostra Corte costituzionale, benché con poteri minori) ha potuto, nella sua giurisprudenza, a partire da una decisione del 1971, considerare i principi della Dichiarazione come parte del cosiddetto «blocco di costituzionalità», cioè dei principi costituzionali alla cui luce si può controllare la legittimità delle leggi ordinarie.

Assai più tormentata e meno lineare è la storia costituzionale francese nel campo dell'organizzazione di governo.

Oltre che dall'alternarsi di regimi monarchici e repubblicani, la storia costituzionale francese è segnata dalle oscillazioni e dai cambiamenti quanto al sistema del suffragio, alla struttura del Parlamento (monocameralismo o bicameralismo), ai caratteri dell'esecutivo (fondato sul monarca o Presidente della Repubblica o su un governo appoggiato dalla maggioranza parlamentare, o su entrambi, come oggi), ai rapporti fra legislazione parlamentare e decretazione dell'esecutivo. Le vicende belliche e le tensioni rivoluzionarie interne hanno causato spesso la precoce caduta di assetti costituzionali pensati per durare. Paradossalmente, il periodo più lungo di stabilità istituzionale è stato quello in cui non vi era una Costituzione unitaria e completa, perché la controversia fra monarchici e repubblicani provocò l'assestarsi delle istituzioni sulla base di tre leggi costituzionali, il cui insieme rappresenta quella che viene chiamata la Costituzione del 1875.

Molte Costituzioni, dunque, in Francia: ma pur sempre un costituzionalismo segnato anche da una rilevante continuità di principi e di regole.

Il costituzionalismo del Novecento

Tutti gli Stati europei, quelli esistenti da secoli e quelli formatisi in seguito all'affermarsi del principio di nazionalità nel corso del XIX e nella prima metà del XX secolo, hanno tradizioni costituzionali nelle quali non è difficile scorgere l'impronta dei testi costituzionali francesi (l'era napoleonica, se fu in Francia un'epoca semiautoritaria, valse però a «esportare» in Europa molte delle idee e delle esperienze legislative nate nel paese transalpino) e del modello istituzionale britannico. Le monarchie, che in quasi tutta l'Europa sopravvivevano (e nel Nord Europa tuttora sopravvivono, in Svezia, Norvegia, Danimarca, Olanda, Belgio) divennero «monarchie costituzionali».

Dopo la Prima guerra mondiale, il crollo definitivo dei due grandi imperi multinazionali (quello austro-ungarico e quello ottomano) aprì una nuova stagione del costituzionalismo, in particolare di Costituzioni repubblicane. La più nota è quella tedesca della Repubblica detta di Weimar, dal nome della cittadina in cui fu adottata dall'Assemblea costituente il 6 febbraio 1919. Essa in particolare conteneva il riconoscimento di diritti «sociali»; prevedeva un Capo dello Stato eletto direttamente dai cittadini, con compiti non di governo bensì di garanzia e coordinamento (è il modello della «Repubblica parlamentare»); e dava vita ad uno Stato di tipo federale, in cui cioè l'autorità politica non era concentrata nelle istituzioni nazionali, ma si ripartiva fra queste e le autorità dei singoli *Länder* (paesi) in cui la Repubblica si articolava. Altre Costituzioni repubblicane nascono in Austria, Cecoslovacchia, Spagna. In particolare, nella Repubblica austriaca, sulla base dell'ispirazione di un costituzionalismo democratico avanzato, di cui era esponente maggiore il giurista Hans Kelsen, si introduce per la prima volta una istituzione di tipo nuovo, una Corte costituzionale, eletta dal Parlamento ma da esso indipendente, incaricata di vegliare sul rispetto della Costituzione da parte degli stessi organi legislativi.

La prima metà del Novecento è però anche l'epoca dell'avvento del regime comunista nell'Unione Sovietica, che, in nome dell'eguaglianza e della lotta di classe, giunge alla negazione delle libertà non solo economiche, ma anche politiche; e di regimi autoritari in Italia, Germania, Spagna, ispirati a ideologie di esplicito rifiuto dei principi del costituzionalismo.

Dopo la tragedia epocale della Seconda guerra mondiale il cammino riprende là dove, in tanti paesi, era stato interrotto e segue percorsi largamente comuni.

A livello internazionale la grande novità è la nascita dell'Organizzazione delle Nazioni Unite (1945), la cui Carta è ispirata esplicitamente agli ideali di libertà, eguaglianza, democrazia, pace fra i popoli che rappresentano l'anima del costituzionalismo (ne parleremo nel capitolo 6). A livello nazionale, le nuove Costituzioni (Francia, 1946 e poi 1958; Italia, 1947; Repubblica federale di Germania, 1949; Portogallo, 1976; Spagna, 1978; Grecia, 1952 e poi 1975; Turchia, 1961 e poi 1982) parlano un linguaggio comune, spesso riprendono principi e istituti le une dalle altre, pur poi differenziandosi nelle scelte organizzative. Lo stesso accade quando, dopo la dissoluzione dell'Unione Sovietica nel 1989, la stagione del costituzionalismo si rinnova in tutti paesi dell'est europeo, con l'approvazione delle Costituzioni negli anni Novanta, dalla Russia agli altri paesi della ex zona di influenza sovietica (la Germania dell'est si è riunificata con quella dell'ovest mantenendo la Legge fondamentale che quest'ultima si era data nel 1949). In particolare, è interessante notare come in tutte le Costituzioni sorte in questa fase, a partire da quella italiana del 1948 e da quella tedesca del 1949, per giungere alle recenti Costituzioni dei paesi dell'est, si prevedano Corti o Tribunali costituzionali col compito di controllare la costituzionalità delle leggi e, talora, di decidere sui ricorsi dei cittadini per violazione dei diritti fondamentali.

Costituzione e democrazia

Tutte le Costituzioni sanciscono non solo la divisione dei poteri, ma anche il principio democratico secondo cui i cittadini (o quella quota di essi che gode i diritti politici) hanno diritto di concorrere alla formazione della volontà collettiva e all'elezione almeno di alcuni degli organi investiti dei poteri supremi (come le assemblee parlamentari).

Tuttavia le Costituzioni hanno lo scopo di regolare e vincolare, quindi anche di limitare, i poteri, compresi quelli supremi. Nelle monarchie, le Costituzioni sorgono proprio per porre limiti al potere del sovrano, che resta detentore di un potere di vertice, anche se non più «assoluto». Il patto costituzionale esprime proprio l'accordo, e anche il compromesso, fra un potere «democratico» (i rappresentanti del popolo) e un'autorità che fonda la propria legittimazione altrove (così nella tradizione e nella discendenza ereditaria). Il patto tende proprio a distribuire e regolare il potere, mantenendo un certo equilibrio fra le due diverse fonti di autorità: finché il patto regge, cioè le parti vi tengono fede, ciascuno dei poteri trova nella Costituzione i limiti e le condizioni entro le quali può legittimamente esercitarsi. Il giorno in cui viene meno questo patto, viene meno la stessa Costituzione.

Qualcosa di analogo avviene alla nascita di Costituzioni repubblicane federali: qui il patto è essenzialmente fra gli Stati membri e la Federazione, ciascuno dei quali si vede attribuire dei poteri ma anche imporre delle limitazioni. La sovranità non appare, in questi ordinamenti, come un potere monolitico, ma distribuito fra più soggetti, appunto gli Stati membri e la Federazione.

Ma anche dove si afferma pienamente il principio democratico, e dunque la «sovranità» è attribuita per intero al popolo, la Costituzione ha il compito di regolare e dunque limitare il potere sovrano, distribuendolo fra le diverse autorità e stabilendo le condizioni e i limiti del suo legittimo esercizio. Così si esprime ad esempio l'art. 1, secondo comma, della nostra Costituzione: «La sovranità appartiene al popolo, che la esercita *nelle forme e nei limiti della Costituzione*»: nelle forme, cioè con le procedure stabilite, ma anche nei limiti.

Ma, si potrebbe dire, se la sovranità appartiene al popolo, il popolo può anche cambiare la Costituzione, e ha diritto di cambiarla. E infatti nella storia del pensiero costituzionale democratico troviamo anche l'affermazione secondo cui nessuna generazione può pretendere di vincolare alla «propria» Costituzione le generazioni successive. Ciò che il popolo ha voluto oggi, domani potrebbe, con pari diritto, disvolerlo.

In effetti le Costituzioni prevedono di solito anche il modo in cui possono essere modificate. Però è normale che le procedure attraverso le quali ciò può avvenire siano procedure più complesse e difficili da realizzare di quanto non siano le normali procedure legislative. Abbiamo accennato sopra alla complessa procedura prevista dalla Costituzione degli Stati Uniti, che richiede il consenso di una larga maggioranza degli Stati membri della

Federazione. Nelle Costituzioni degli Stati unitari e non federali (come il nostro) gli «aggravamenti» di procedura riguardano in genere il modo delle deliberazioni parlamentari e l'intervento degli elettori con referendum. Così la nostra Costituzione prevede, all'art. 138, che le leggi intese a modificare o integrare la Costituzione (leggi costituzionali) debbano essere approvate per due volte da ciascuna delle Camere del Parlamento (quindi con quattro letture successive), la seconda volta a distanza di almeno tre mesi dalla prima, così da favorire eventuali ripensamenti rispetto a decisioni adottate affrettatamente o sulla base di spinte occasionali o passeggere. Nella seconda deliberazione di ciascuna Camera (che deve riguardare lo stesso testo già approvato in prima lettura, senza modifiche: altrimenti si torna alla prima votazione) deve essere raggiunta una speciale maggioranza più larga di quella richiesta per le leggi ordinarie: due terzi dei componenti di ciascuna Camera, nel qual caso la procedura si perfeziona senz'altro, oppure, almeno, la maggioranza «assoluta» (più di metà) dei componenti (e non solo dei votanti, come nella maggioranza «semplice»), nel qual caso però la legge, prima di essere promulgata e di entrare in vigore, è sottoposta a referendum popolare se lo richiedono, entro tre mesi, un quinto dei membri di una delle due Camere, o cinquecentomila elettori, o cinque consigli regionali.

La Costituzione dunque, rendendo più difficili le procedure per la sua modifica, «si difende» contro la stessa maggioranza del popolo o dei suoi rappresentanti: non è, cioè, liberamente disponibile da parte della maggioranza.

Ma c'è di più. Non di rado le Costituzioni limitano *nel contenuto* la possibilità della loro revisione. Così la nostra Costituzione stabilisce, all'art. 139, che «la forma repubblicana dello Stato non è soggetta a revisione costituzionale». Secondo la giurisprudenza della Corte costituzionale, inoltre, nemmeno con legge di revisione costituzionale si potrebbero legalmente sopprimere o alterare il contenuto essenziale dei diritti «inviolabili» riconosciuti e garantiti dalla Costituzione (art. 2), o i «principi supremi» dell'ordinamento costituzionale.

Siamo dunque, sembrerebbe, di fronte ad un paradosso. La Costituzione, frutto della volontà del «popolo sovrano», pretende di limitare il potere dello stesso popolo di modificarla in via legale (i cambiamenti di fatto, operati con processi extralegali, restano evidentemente fuori discussione).

In realtà, la difficoltà teorica di cui stiamo parlando esiste solo se si parte da presupposti che si potrebbero definire di «assolutismo democratico»: cioè se si individua una sola regola e un solo valore di fondo nel costituzionalismo, quelli cioè che si esprimono nel concetto di sovranità popolare. Ma il costituzionalismo è qualcosa di più e di diverso. Il «valore» della sovranità popolare non è l'unico, né assorbe ogni altro. La Costituzione nasce sì per regolare le forme di esercizio del potere attribuito al popolo, ma anche, o ancor prima, per fissare i «confini» di questo potere, dunque per limitarlo. Anche il «popolo sovrano» non può e non deve essere un sovrano assoluto.

Noi usiamo ancora, forse impropriamente, con riguardo al popolo, lo stesso termine – sovranità – che designava nell'*ancien régime* il potere supremo e illimitato del re assoluto. Come dire che si è trasferito il potere supremo dal re al popolo, ma non ne è mutata la natura e non se ne è limitata l'assolutezza. Invece il costituzionalismo presuppone che *qualsiasi* potere sia limitato, quindi anche quello del popolo. Come scriveva un giudice inglese del Seicento, Coke, *Magna Charta is such a fellow that he will know no sovereign* – e la *Magna Charta* è forse la più antica manifestazione del costituzionalismo, là dove si proponeva di fissare dei limiti al potere regio. Nessun sovrano, dunque nemmeno il popolo. Si potrebbe dire: se c'è un sovrano assoluto, sia pure esso il popolo, non c'è Costituzione.

Quando si dice che il popolo esercita, in democrazia, il potere, in realtà si esprime un'astrazione. Anche senza pensare alle esperienze nelle quali la sovranità veniva in realtà attribuita ad entità astratte non identificantisi con il complesso dei cittadini, come la Nazione, e senza richiamare le restrizioni del suffragio che così a lungo nella storia hanno condotto a identificare il popolo con una porzione esigua della popolazione, quella che di diritto e di fatto poteva esercitare il diritto di voto: anche dunque individuando il soggetto della sovranità nell'insieme dei cittadini adulti e capaci di intendere e di volere (come avviene in regime di «suffragio universale»), il popolo può esercitare il suo potere o direttamente, attraverso deliberazioni di tipo referendario, o indirettamente, eleggendo dei rappresentanti. Nella prima ipotesi si tratta di deliberazioni limitate dalla pratica impossibilità per i componenti del corpo elettorale di pervenire ad una decisione discutendola (il popolo è un «sovrano muto»): al massimo ciascuno degli elettori può dire sì o no a una proposta che qualcun altro ha formulato, o decidere di non votare.

Nell'ipotesi poi della *democrazia rappresentativa*, la presunzione di rappresentatività degli eletti, cioè di corrispondenza della volontà dei rappresentanti a quella dei rappresentati, non è un dato oggettivo accertabile e indiscutibile, ma, appunto, una presunzione, se non addirittura una finzione, anche perché il meccanismo elettorale, in una collettività numerosa, non consente di individuare con certezza le ragioni della scelta degli elettori, e dunque il contenuto del «mandato» che essi rilasciano ai rappresentanti.

In ogni caso, la deliberazione del corpo elettorale o dell'assemblea dei rappresentanti è, per lo più, una deliberazione adottata a maggioranza: ed è ben nota la difficoltà di fondare teoricamente, proprio dal punto di vista democratico, la giustificazione della prevalenza della maggioranza sulle minoranze. Una regola, quella della maggioranza, di indubbio valore e utilità dal punto di vista pratico, se non si vuole paralizzare qualsiasi meccanismo decisionale, ma che non giustifica affatto, di per sé, il fatto che l'opinione o l'interesse del minor numero debba *sempre* e *necessariamente* cedere all'opinione e all'interesse del maggior numero.

La Costituzione contiene le regole attraverso cui la maggioranza può decidere, ma anche i principi da cui la stessa maggioranza non può discostarsi, a tutela di valori e interessi che non sono appannaggio della sola maggioranza. Dunque non è contraddittorio ritenere che una Costituzione democratica vincoli e limiti lo stesso popolo, che si esprime attraverso la maggioranza. Vincolare le modifiche costituzionali a procedure «aggravate» e non facilmente realizzabili, e sottrarre certi contenuti costituzionali al potere stesso di revisione, non è antidemocratico: al contrario, fa parte dell'essenza della democrazia *costituzionale*.

2. *La Costituzione italiana e la sua storia*

Uno Stato giovane: breve storia del costituzionalismo italiano prima della Costituzione

La storia costituzionale italiana ha certo le sue particolarità, ma è saldamente inserita nella grande corrente del costituzionalismo europeo. I primi esperimenti costituzionali in Italia fanno seguito all'arrivo nel nostro paese delle idee e dei moti liberali dopo la Rivoluzione francese, anche al seguito delle truppe napoleoniche. Allora l'Italia non era ancora uno Stato, ma una terra divisa fra diversi regni, ducati e granducati, province amministrate da altre potenze europee come l'impero austriaco, e lo Stato pontificio, a sua volta organizzato (a parte l'intreccio del papato con l'ordinamento della Chiesa) come una monarchia assoluta. Lo Stato italiano nasce solo dopo la metà dell'Ottocento, e nasce come espansione, per successive annessioni di territori, del Regno di Piemonte e Sardegna. La prima Costituzione dello Stato italiano non è altro che la Costituzione di quel Regno, concessa dal re Carlo Alberto prima che esso unificasse l'Italia: è il cosiddetto Statuto albertino del 4 marzo 1848, che, allorquando venne proclamato il Regno d'Italia, ne divenne la Costituzione, rimasta poi formalmente inalterata per cento anni.

Era una Costituzione tipica del periodo delle monarchie trasformatesi da assolute in costituzionali, con l'accoglimento dei principi liberali posti alla base del patto stipulato fra i due centri effettivi di potere politico, il monarca e la ristretta classe dei cittadini (abbienti o istruiti) rappresentati in Parlamento. Riecheggiano in quel documento principi e soluzioni tipiche di altre Costituzioni europee dell'epoca (quella francese del 1830, quella belga del 1831), e la prassi costituzionale fu fortemente influenzata anche dall'esperienza della monarchia *parlamentare* inglese, dove cioè il potere regio lasciava ampio spazio a ministri e a un Primo ministro espressi dalla maggioranza parlamentare. Una Costituzione, dunque, venuta «dall'alto», cioè dal re, che cedeva «spontaneamente» buona parte dei suoi preesistenti poteri assoluti.

Lo schema dello Statuto era semplice. In apertura si enunciavano i principi secondo cui la religione cattolica era «la sola religione dello Stato», mentre gli altri culti esistenti erano «tollerati conformemente alle leggi» (art. 1); lo Stato era «retto da un Governo monarchico rappresentativo», con trono «ereditario secondo la legge salica», cioè in favore dei soli eredi maschi (art. 2); «il potere legislativo sarà collettivamente esercitato dal re e dalle due Camere: il Senato e quella dei deputati» (art. 3). Si disciplinava poi per prima l'istituzione monarchica, con le norme sui poteri e le prerogative della stessa e della famiglia reale (artt. 4-23). Al re spettavano il potere esecutivo, il comando delle forze armate, il potere di trattare con gli altri Stati, quello di nominare alle cariche dello Stato, quello di dare il proprio assenso alle leggi votate dalle Camere e di promulgarle, e di emanare i regolamenti, quello di convocare le Camere e di sciogliere quella dei deputati, di concedere grazia.

Seguiva, sotto il titolo «dei diritti e dei doveri dei cittadini», un succinto catalogo di libertà (artt. 24-32): eguaglianza davanti alla legge, libertà dagli arresti arbitrari, del domicilio, della stampa (ma «una legge ne reprime gli abusi», e la pubblicazione delle Bibbie e dei libri di culto e di preghiera era soggetta al permesso del vescovo), inviolabilità della proprietà (con la possibilità di espropriazione mediante «una giusta indennità conformemente alle leggi»), libertà di riunione pacifica e senza armi (ma solo nei luoghi privati); principio di legalità dei tributi (secondo il tradizionale principio per cui il prelievo tributario è soggetto al consenso del Parlamento), dovere di tutti di contribuire «ai carichi dello Stato» in proporzione dei propri averi, garanzia del debito pubblico. Le «libertà collettive» (di associazione, sindacale, ecc.) erano ignorate, e le libertà individuali non erano specificamente disciplinate, ma affidate essenzialmente alla protezione della legge, approvata dalle Camere; erano assenti quelli che oggi conosciamo come «diritti sociali».

Poi vi erano le norme sul Parlamento (artt. 33-64), bicamerale, formato cioè dalla Camera dei deputati, eletti con un mandato di cinque anni «dai collegi elettorali conformemente alla legge», e dal Senato regio, composto di un numero indeterminato di membri, ultraquarantenni, nominati a vita dal re nell'ambito di 21 categorie, comprendenti i titolari di cariche religiose, politiche, giudiziarie, amministrative, militari, i membri dell'accademia delle scienze, coloro che «con servizi o meriti eminenti avranno illustrato la Patria», i maggiori contribuenti. I poteri delle due Camere erano perfettamente identici, salva la priorità della Camera dei deputati nell'esame delle leggi tributarie e di bilancio. Deputati e senatori godevano di prerogative (non di indennità, espressamente vietate); il Senato, che era anche «Alta corte di giustizia», giudicava in sede penale sia i ministri (non il re, la cui persona era «sacra e inviolabile»), sia gli stessi senatori.

Ai ministri lo Statuto dedicava pochissime previsioni (artt. 65-67): nominati e revocati dal re, essi potevano sempre accedere alle Camere e parlarvi, erano «responsabili», e la loro firma era necessaria per dare vigore alle leggi e agli atti del Governo.

Apparentemente lo Statuto dava vita dunque ad una monarchia costituzionale, in cui alle due Camere spettava solo deliberare le leggi, al re spettava il potere di assentire a sua volta alle leggi votate dal Parlamento, e, in esclusiva, il potere esecutivo, nonché il potere di far guerra e di intrattenere relazioni internazionali, salvo l'assenso delle Camere solo per i trattati che comportassero oneri finanziari o variazioni territoriali. In pratica, però, l'interpretazione del sistema fu nel senso che i ministri dovessero essere scelti dal re nell'ambito della maggioranza della Camera elettiva, che dunque determinava la politica dello Stato, sia pure con una robusta partecipazione del sovrano: quindi piuttosto nel senso di una Monarchia parlamentare all'inglese, dove il re «regna e non governa». L'interlocutore delle Camere era il Governo, e tra le due Camere, collocate in posizione formalmente paritaria, quella dei deputati aveva una netta preminenza politica; la stessa scelta dei senatori da nominare veniva effettuata dal Governo. Nessuna forma di referendum era prevista.

Al giudiziario lo Statuto dedicava poche regole (artt. 68-73): la giustizia, che «emana dal Re», era amministrata da giudici da lui istituiti e nominati; le garanzie consistevano essenzialmente nella riserva alla legge della disciplina dell'ordinamento giudiziario, nella inamovibilità dei giudici (con alcune eccezioni), nel diritto a non essere distolti dai propri giudici «naturali», nella pubblicità delle udienze.

Ancora minore era l'attenzione dedicata ai poteri locali: lo Statuto si limitava a stabilire che «le istituzioni comunali e provinciali e la circoscrizione dei Comuni e delle Province sono regolate dalla legge», e che era istituita una «milizia comunale sovra basi fissate dalla legge» (art. 74).

Lo Statuto era stato emanato dal re Carlo Alberto «di Nostra certa scienza, Regia autorità», come «Legge fondamentale, perpetua ed irrevocabile della Monarchia». Non si prevedeva alcun procedimento per la sua modifica, e, come in tutte le Costituzioni dell'epoca, non erano previsti speciali procedimenti per verificare che le leggi fossero conformi allo Statuto. Perciò, benché questo si presentasse come immodificabile (e non sia mai stato formalmente emendato), di fatto restava affidato agli svolgimenti che il potere legislativo (il Parlamento, con l'assenso del sovrano) avrebbe determinato. Ciò spiega perché, quando si vollero fare delle leggi che alteravano anche profondamente la struttura e gli equilibri dello Statuto (e ciò avvenne col fascismo), la cosa risultò possibile con procedimenti formalmente legali, senza che alcuna istituzione statale avesse il potere o la forza di opporvisi. I giudici avrebbero potuto farlo? Forse, se le istituzioni giudiziarie avessero avuto la forza, ad esempio, di quelle americane, e avessero esercitato un controllo sulla costituzionalità delle leggi: ma non l'avevano. Il re avrebbe potuto farlo? Forse, se avesse avuto la possibilità e il coraggio di esercitare un ruolo di garanzia «contro» il Governo e la stessa maggioranza parlamentare, utilizzando in questo senso la eventuale fedeltà delle forze armate: ma non li ebbe.

Il regime fascista arrivò al potere, in un clima di violenze e di intimidazioni, con la nomina di Mussolini alla presidenza del Consiglio dei ministri, alla fine del 1922; lo consolidò facendo approvare una legge elettorale che lo favoriva, e ottenendo un consenso maggioritario nelle elezioni del 1924; dopo di allora trasformando profondamente il sistema costituzionale. Le libertà statutarie vennero largamente limitate o soppresse, i partiti antifascisti sciolti, i loro leader, quando non fuggiti all'estero, imprigionati o confinati; il Parlamento prima svuotato di poteri, con la concentrazione dell'autorità nel Governo e nel Duce suo «capo», poi sostanzialmente soppresso, con l'abolizione della Camera elettiva, sostituita da una «Camera dei fasci e delle corporazioni» espressione delle strutture create dal fascismo e di nomina governativa; soppresse anche le istituzioni elettive locali; il partito unico fascista trasformato in una istituzione statale; creati i «Tribunali speciali per la difesa dello Stato», col compito di reprimere le attività di opposizione. Del quadro statutario, restavano, apparentemente indenni, solo la Corona, indebolita e succube del regime, e il Senato, a sua volta privo di rilievo e forza politica.

La transizione dal fascismo alla Repubblica democratica: come è nata la Costituzione del 1947

Sul piano costituzionale, dunque, il ventennio fascista (1922-43) rappresentò una fase di netta discontinuità rispetto al passato. Esso si concluse per effetto sostanziale della sconfitta nella Seconda guerra mondiale, combattuta a fianco del nazismo. Il 25 luglio 1943, con le truppe alleate già sbarcate in Sicilia, la fronda interna sorta nel Gran consiglio del fascismo diede al re il destro di destituire Mussolini e di nominare il Governo presieduto dal Maresciallo Badoglio, che trattò l'armistizio, annunciato l'8 settembre.

A quel punto, da qualche parte si poté pensare di realizzare, facendo perno sulla monarchia, una restaurazione statutaria, eliminando le «incrostazioni» del fascismo. Di questa linea è espressione costituzionale il decreto legislativo n. 705 del 2 agosto 1943, che sanciva lo scioglimento della Camera dei fasci e delle corporazioni e prometteva una nuova elezione, dopo la fine della guerra, della Camera dei deputati prevista dallo Statuto. Ma questa linea non fu vincente. Con il crollo del regime fascista ripresero attivamente la loro presenza i partiti antifascisti – quelli preesistenti, e quelli nati allora, anche ricollegandosi a tradizioni precedenti, come la Democrazia cristiana e il Partito d'azione – i quali posero con forza la loro candidatura a guidare la fase politica di transizione verso il nuovo sistema, attraverso i Governi provvisori, e chiesero e ottennero che la decisione sul nuovo quadro costituzionale fosse adottata con un «processo costituente» democratico. Di questa realtà fu espressione la cosiddetta «tregua istituzionale», con cui il re e i partiti antifascisti convennero di rinviare a dopo la fine della guerra di liberazione la risoluzione della «questione istituzionale», cioè la scelta fra la conservazione della monarchia sabauda e l'instaurazione di una Repubblica, rimanendo nel frattempo le funzioni regie affidate ad un «luogotenente del Regno», nella persona del figlio del re Vittorio Emanuele III, che si ritirava dalla vita pubblica (la tregua fu poi in qualche modo rotta dal monarca, che nel maggio 1946 abdicò facendo salire al trono il figlio Umberto II, che così fu l'ultimo re d'Italia, il «re di maggio»), e le funzioni di governo affidate a Gabinetti provvisori formati dai partiti antifascisti, riunitisi nel Comitato di liberazione nazionale (Cln). Soprattutto ne fu espressione il decreto legge luogotenenziale

n. 151 del 1944 (emanato dopo la liberazione di Roma), che rimetteva ad una Assemblea costituente, da eleggersi da tutti i cittadini, la deliberazione sulle nuove istituzioni dello Stato. Con questa – che si considera la prima «Costituzione provvisoria» dell'Italia – si diede atto anche formalmente del superamento definitivo dello Statuto: per la prima volta nella storia d'Italia si avviava un processo costituente dal basso. A questa si aggiunse, dopo la liberazione, la seconda «Costituzione provvisoria» espressa nel decreto legislativo luogotenenziale n. 98 del 1946, in cui, accettandosi la richiesta di parte monarchica, sostenuta anche da una parte degli Alleati, si convenne che la scelta fra monarchia e repubblica, anziché essere affidata all'Assemblea costituente (che si prevedeva risultasse a maggioranza largamente repubblicana, dati gli orientamenti prevalenti nei partiti del Cln), fosse rimessa a un referendum istituzionale da svolgersi contemporaneamente alla elezione dell'Assemblea.

Fu ciò che accadde il 2 giugno 1946 (di qui la data poi proclamata festa della Repubblica): il referendum diede un risultato favorevole di misura alla Repubblica (circa 12 milioni e mezzo di voti contro 10 e mezzo, oltre a un milione e mezzo di schede bianche o nulle), caratterizzato da una netta differenziazione fra un centro-nord compattamente a maggioranza repubblicana e un centro-sud (dal Lazio in giù) compattamente a maggioranza monarchica. Il 13 giugno 1946 il re Umberto lasciava l'Italia, e le funzioni di Capo dello Stato furono provvisoriamente assunte dal presidente del Consiglio Alcide De Gasperi.

L'Assemblea costituente, eletta a sua volta il 2 giugno con un sistema elettorale proporzionale, risultò formata per tre quarti dei suoi 556 membri da rappresentanti dei tre maggiori partiti del Cln: la Democrazia cristiana (35,2% dei voti, 207 seggi); il Partito socialista italiano (20,7% dei voti, 115 seggi); il Partito comunista italiano (18,9% dei voti, 104 seggi). Più esigua la rappresentanza dei gruppi di matrice liberale (Unione democratica nazionale e Blocco nazionale della libertà, rispettivamente 41 e 16 seggi), del Partito repubblicano (23 seggi) e del Partito d'azione (7 seggi); 30

seggi ebbe la destra dell'«Uomo Qualunque», avversa alla politica dei partiti antifascisti.

L'Assemblea lavorò per un anno e mezzo. La «Costituzione provvisoria» del 1946 prevedeva (in base a un accordo politico che venne sostanzialmente rispettato, anche se l'Assemblea non rinunciò formalmente a rivendicare una piena sovranità) che essa si limitasse a deliberare la nuova Costituzione, e che per il resto avesse competenza solo per le leggi in materia costituzionale, elettorale e di trattati internazionali (c'era infatti da approvare il Trattato di pace). La legislazione ordinaria restava di competenza del Governo, che operava con decreti legislativi, solo sentendo il parere di commissioni dell'Assemblea. In più, quest'ultima eleggeva il Capo provvisorio dello Stato, e accordava e revocava la fiducia ai Governi. Essa aveva dunque due volti: di consesso destinato a disegnare i lineamenti essenziali del nuovo Stato (su questo si volle che essa concentrasse la sua attenzione), e di assemblea parlamentare in cui la politica dei Governi trovava origine e sede di confronto.

Durante il periodo costituente la vita politica non fluì senza traumi. Mentre in un primo tempo il Governo restò affidato a una coalizione dominata dai tre maggiori partiti (presidente del Consiglio sempre Alcide De Gasperi), due crisi, nel febbraio e poi nel maggio del 1947 – a seguito della scissione del partito socialista, da cui si staccarono i socialdemocratici capeggiati da Giuseppe Saragat, e nel clima della crescente contrapposizione internazionale fra gli occidentali e l'Unione Sovietica – portarono a un radicale mutamento: al Governo restò la Democrazia cristiana con gli alleati minori del centro, mentre i due partiti della sinistra marxista finirono all'opposizione. Iniziò allora l'era del «centrismo», che caratterizzò l'Italia fino ai primi anni Sessanta.

Si sarebbe potuto pensare che un così profondo mutamento politico portasse a rivedere su basi nuove anche il lavoro di preparazione della Costituzione, ma così non fu. In realtà al momento della crisi di Governo il progetto di Costituzione era già interamente definito, e l'Assemblea ne proseguì l'esame.

Inoltre la rottura fra il centro e la sinistra non fece venir meno la volontà di pervenire a una scelta costituente unitaria, che rappresentasse una premessa comune per il confronto fra partiti e schieramenti. L'ispirazione unitaria, che già si era espressa nella scelta concordata del presidente dell'Assemblea (prima il socialista Giuseppe Saragat, poi il comunista Umberto Terracini) e del Capo provvisorio dello Stato (fu eletto l'avvocato liberale, di fede monarchica, Enrico De Nicola), resistette all'inasprimento della contrapposizione politica. La Costituzione rappresentò così il frutto più maturo di questa ispirazione.

Subito dopo la sua elezione, l'Assemblea costituente nominò al proprio interno la Commissione per la Costituzione, detta «dei settantacinque» dal numero dei suoi componenti, incaricata di redigere il progetto della nuova Carta, e presieduta da Meuccio Ruini. A sua volta la Commissione si suddivise in tre sottocommissioni, destinate ad occuparsi rispettivamente dei diritti e doveri dei cittadini, dell'ordinamento della Repubblica e dei diritti e doveri economico-sociali. Esse elaborarono e approvarono il progetto, presentato all'Assemblea nel febbraio 1947. Dal marzo al dicembre 1947 ebbe luogo il dibattito in aula, prima sul progetto in generale, poi sui singoli titoli e articoli. Su alcuni temi (Regioni, Corte costituzionale) il progetto venne modificato anche profondamente, ma l'impianto complessivo rimase invariato. In occasione dell'approvazione di alcuni articoli le divisioni furono esplicite, il confronto vivace, e si formarono diverse maggioranze anche ristrette. Così il richiamo ai Patti lateranensi del 1929 per la disciplina dei rapporti fra Stato e Chiesa cattolica passò col voto dei democristiani e del partito comunista, che per ragioni di strategia generale appoggiò il testo voluto dai cattolici, mentre furono contrari i socialisti; il richiamo alla indissolubilità del matrimonio non venne accolto per pochi voti; in tema di composizione del Senato prevalse, sulla tesi democristiana che avrebbe voluto la rappresentanza delle Regioni e delle professioni, la tesi dell'elezione a suffragio universale; l'ordinamento regionale, sia pure con l'attenuazione di alcuni aspetti, venne approvato con l'appoggio di democristiani e repubblicani, superando le diffidenze della sinistra e dei liberali. Ma alla fine tutte le maggiori forze politiche si riconobbero, sia pure ciascuna mantenendo le proprie riserve su questo o quell'aspetto, nel risultato complessivo, che esprimeva il punto più alto di accordo raggiunto nella fase costituente. La deliberazione finale, il 22 dicembre 1947, vide l'approvazione del testo con 453 voti favorevoli, 62 contrari e nessun astenuto, su 515 presenti e votanti. Proprio in chiusura della discussione il deputato democristiano Giorgio La Pira, che aveva proposto di premettere in un preambolo l'invocazione a Dio, ritirò la sua proposta quando si rese conto che essa sarebbe stata motivo di divisione. Promulgata dal Capo dello Stato il 27 dicembre 1947, la Costituzione è entrata in vigore il 1° gennaio 1948: una copia del testo, come prevedeva l'ultima (XVIII) delle disposizioni transitorie e finali, è rimasta esposta nella sala comunale di ogni Comune della Repubblica per tutto l'anno 1948, «affinché ogni cittadino possa prenderne cognizione».

Ispirazione unitaria o «compromesso»?

Questo carattere unitario del processo deliberativo della Costituzione ha dato luogo negli anni successivi, e dà luogo ancora oggi, a discussioni e polemiche. Si è accusata la Costituzione di essere frutto di un compromesso. Ma storicamente tutte le Costituzioni, quanto meno quelle che durano nel tempo, lo sono, in quanto riflettono un punto di equilibrio fra esigenze e forze diverse, e spesso, se non lo sono all'inizio, lo diventano col tempo, integrando nell'esperienza costituzionale esigenze e forze diverse, anche contrapposte (re e Parlamento, liberali e conservatori, ceti abbienti e non abbienti, maggioranze e minoranze nazionali o religiose, ecc.). Il punto è la qualità del «compromesso», è vedere su quali principi si fonda, e se è saldo e durevole.

La Costituzione italiana non nasce da una trattativa fra gruppi ristretti di potere, nasce sulla spinta di partiti di massa dotati di effettiva rappresentatività, in un contesto storico di crisi e di profondo rinnovamento, quale quello uscito dall'evento epocale della Seconda guerra mondiale; in un clima culturale permeato dagli ideali del costituzionalismo occidentale. Nasce in un paese che aveva appena cominciato a sperimentare il passaggio dal parlamentarismo elitario del primo Ottocento alla democrazia di massa, non aveva ancora raggiunto il suffragio universale (le donne, in Italia, hanno votato per la prima volta nel 1946), e aveva visto il proprio sviluppo costituzionale bruscamente interrotto dall'esperienza del fascismo. La classe politica che prese in mano l'Italia della Costituente, nel vuoto o nell'estrema debolezza di ciò che restava delle istituzioni, era persuasa di dover ricostruire dalle basi l'ordinamento, e di volerlo fare a partire proprio dai postulati di quel costituzionalismo: Stato di diritto, garanzie dei diritti fondamentali, eguaglianza fra i cittadini, giustizia sociale, democrazia, pluralismo politico, collaborazione internazionale. Era una classe politica in cui si confrontavano gruppi, organizzazioni e ideologie molto diverse fra loro: gli eredi della classe dirigente liberale prefascista; i cattolici democratici; la sinistra di ispirazione marxista. Il «compromesso» si formò su queste basi: rifiuto e rovesciamento dei postulati dello Stato fascista (autoritarismo, partito unico, nazionalismo bellicista); ripristino delle libertà e delle garanzie dello Stato di diritto; larga apertura ai principi dello Stato sociale; democrazia parlamentare come strumento di integrazione della società di massa nel sistema istituzionale.

Non vi è dunque troppo da meravigliarsi se le grandi scelte fatte dalla Costituente furono sostanzialmente quasi unanimi o comunque, alla fine, largamente condivise: da quella di dar vita ad una Costituzione «rigida» – cioè non derogabile con le leggi ordinarie – e il cui rispetto fosse garantito, a quella di costituzionalizzare le garanzie dei diritti civili e sociali, a quella di scegliere per l'Italia un sistema parlamentare sia pure corretto con meccanismi di «razionalizzazione».

Questo dà ragione anche dei «materiali» con cui la Costituzione è costruita. Nessuna Costituzione, almeno nei nostri tempi, nasce dal nulla, da pure «invenzioni» teoriche. I principi e le regole istituzionali trovano già espressione in documenti costituzionali del passato e in esperienze costituzionali dello stesso e di altri paesi simili. I Costituenti italiani avevano di fronte la storia delle Costituzioni, soprattutto europee, degli ultimi centocinquant'anni. I giuristi che lavorarono prima della Costituente e alla Costituente, in tutti i partiti, erano nutriti di questa cultura. I partiti che nell'Assemblea eletta il 2 giugno contavano il massimo numero di rappresentanti avevano a loro volta una cultura istituzionale e dei programmi costituzionali che affondavano le loro radici in quelle premesse. Programmi costituzionali per lo più piuttosto «poveri», elaborati in pochi mesi, in mezzo ai dominanti problemi della guerra, della lotta di resistenza, della ricostruzione di un paese distrutto. Il più articolato era forse il programma della Democrazia cristiana, di cui non a caso molta parte trovò riscontro nella Carta costituzionale: libertà individuali ma anche di gruppo (il pluralismo), spazio per le società intermedie, un forte sistema di garanzie (anche contro le deliberazioni della maggioranza parlamentare), centralità del Parlamento come luogo della democrazia ma arricchimento di questa attraverso i poteri locali, la rappresentanza professionale e gli istituti di democrazia diretta. I partiti della sinistra marxista portavano per tradizione assai minore attenzione agli aspetti istituzionali: la loro visione si incentrava sulla rivendicazione delle libertà politiche e sulla sovranità del Parlamento eletto a suffragio universale, come luogo in cui i partiti di massa, protagonisti del cambiamento della società, potessero e dovessero esprimere la loro funzione di guida. Volendo semplificare, da una parte più insistenza sulla divisione dei poteri, nella classica versione di Montesquieu, ma in un sistema di piena sovranità popolare, dall'altra più insistenza su una democrazia rappresentativa «immediata», secondo le idee di Rousseau, che consentisse alle masse interpretate dai partiti di riformare lo Stato e la società. Il terreno d'incontro era dunque ben all'interno della tradizione costituzionalistica europea.

Per questo appaiono largamente fuori bersaglio le interpretazioni di una certa vulgata, secondo cui la Costituzione italiana sarebbe il prodotto di un *tripartito* (la Dc, il Psi, il Pci), o, più semplicisticamente, dell'incontro fra democristiani e comunisti. Se questo vuol dire che alla Costituente i tre partiti avevano una presenza e quindi un'influenza preponderante, è una cosa ovvia. Ma se vuol dire che il «prodotto» Costituzione esprime un patrimonio di cultura e di programma istituzionale riconducibile ai gruppi dirigenti di questi tre partiti o addirittura di due di essi – Dc e Pci –, si tratta di una distorsione della realtà. Non solo si dimenticano la presenza e l'influsso, alla Costituente, di gruppi numericamente più limitati, ma portatori di tradizioni cospicue (basterebbe pensare a ciò che ha significato l'apporto di personaggi come Calamandrei, Einaudi o Ruini). Ma soprattutto si mistifica, in questo modo, il rapporto occorso fra partiti operanti da poco tempo e con scarsa o scarsissima elaborazione sui temi istituzionali alle spalle, e un prodotto come la Costituzione del 1948, nella quale confluirono gli esiti di un pensiero e di un'esperienza ben più ampi e longevi: dai frutti migliori delle rivoluzioni dell'era dell'illuminismo agli echi del grande modello parlamentare britannico, a Weimar, alla Società delle Nazioni, seme dell'odierno universalismo dei diritti, alle «quattro libertà» (di espressione, di religione, dal bisogno, dalla paura) di Roosevelt, all'Austria di Kelsen degli anni Venti, ai portati del pensiero politico democratico formatosi tra le due guerre e all'indomani della seconda; vale a dire il patrimonio del costituzionalismo europeo e non solo europeo.

Il «documento» costituzionale enuncia regole fondamentali e disegna una architettura istituzionale. Ma perché a queste regole si conformassero le leggi e perché questa architettura fosse tradotta in pratica, non bastava il semplice fatto di averle scritte in un testo normativo: occorrevano leggi nuove, modifiche di leggi esistenti, elezione e nomina di organi, trasformazione di apparati.

L'Assemblea costituente prorogò di un mese i propri poteri per approvare la legge sull'elezione del Senato (per l'elezione della Camera si confermò sostanzialmente la legge già adottata per l'elezione dell'Assemblea costituente), gli statuti speciali di Sicilia, Sardegna, Valle d'Aosta e Trentino-Alto Adige, la legge sulla stampa. La stessa Costituzione prevedeva poi alcune scadenze successive alla sua entrata in vigore: un anno per la revisione e il coordinamento delle precedenti leggi in materia costituzionale, per indire l'elezione dei consigli regionali e provinciali, per il riordinamento del Tribunale supremo militare (XVI, VIII, VI, secondo comma, disposizioni transitorie e finali); tre anni per l'adeguamento delle leggi statali al nuovo sistema di autonomie regionali e locali (IX disp. trans. fin.); cinque anni per la revisione dei giudici speciali costituiti al di fuori della magistratura ordinaria (VI, primo comma, disp. trans. e fin.). In realtà questi termini ottimistici non furono rispettati, e, più in generale, l'applicazione e l'attuazione della Costituzione richiese un tempo assai più lungo di quello inizialmente previsto, tanto che, per molti anni, si dovette parlare di una Costituzione inattuata o, meglio, solo parzialmente attuata.

Già nel 1948 prese vita il nuovo sistema rappresentativo nazionale, con l'elezione delle Camere (18 aprile), l'elezione del Presidente della Repubblica Luigi Einaudi (10 maggio), la formazione del Governo, ancora presieduto da De Gasperi (23 maggio) e il voto di fiducia delle due Camere (il Governo era formato da democristiani, che alla Camera avevano più di metà dei seggi, da socialdemocratici, repubblicani e liberali; all'opposizione, a sinistra, Pci e Psi, a destra il partito monarchico e il neo costituito Movimento sociale italiano). Le amministrazioni comunali elettive erano già state ricostituite nel 1946, quelle provinciali lo furono nel 1951; vennero pure costituiti gli organi elettivi delle prime quattro Regioni a statuto speciale (Sicilia, Sardegna, Valle d'Aosta, Trentino-Alto Adige).

Ma per il resto i tempi furono molto più lunghi. La prima legislatura istituì il Consiglio supremo di difesa; rinviò il problema delle Regioni ordinarie, limitandosi ad approvare una prima legge sugli organi regionali e una delega al Governo per un modesto decentramento delle amministrazioni statali; non intervenne sul potere giudiziario; approvò le leggi sulla Corte costituzionale, ma la prima formazione di questa intervenne solo nel 1955. Solo nel 1957 fu regolato e istituito il Consiglio nazionale dell'economia e del lavoro, solo nel 1958 il Consiglio superiore della magistratura. Una fase che venne detta di «disgelo» costituzionale si inaugurò con l'avvio dei governi di centro-sinistra negli anni Sessanta: nel 1970, completata la legislazione necessaria, furono eletti i consigli delle Regioni ordinarie, che ricevettero nel 1972 le prime funzioni, poi ampliate nel 1977; del 1970 sono pure la legge sul referendum, coeva alla legge sul divorzio, che fu anche l'oggetto del primo referendum abrogativo svoltosi nel 1974 (con esito confermativo della legge), e la legge sui diritti di libertà dei lavoratori nei luoghi di lavoro (lo Statuto dei lavoratori); del 1971 l'istituzione dei Tribunali amministrativi regionali, organi di primo grado della giurisdizione amministrativa. Altri «pezzi» del congegno costituzionale dovettero attendere anche più a lungo per vedere l'approvazione delle leggi di riordino promesse dalla Costituzione: la Presidenza del Consiglio il 1988, i ministeri addirittura il 2000, gli organi di autogoverno del Consiglio di Stato e della Corte dei conti, rispettivamente, il 1982 e il 1988, i Tribunali militari il 1981 e il 1988, i Comuni e le Province il 1990. Manca tuttora, nonostante diversi interventi parziali e l'istituzione del Consiglio superiore, il nuovo ordinamento giudiziario (è ancora in vigore il regio decreto n. 12 del 1941), cioè la legge generale sull'organizzazione della magistratura ordinaria.

Altrettanto e anche più lento è risultato il processo di adeguamento alle norme e ai principi costituzionali della legislazione che disciplina i vari aspetti della vita sociale e dell'ordinamento giuridico. La Costituzione si è inserita nel sistema legislativo preesistente, composto di leggi risalenti al periodo prefascista e a quello fascista, spesso incongruenti rispetto ai principi costituzionali. Non si è proceduto, per lo più, ad una revisione organica, ma si è legiferato per aggiunte e per ritocchi. È sopravvissuta a lungo l'applicazione di norme che facevano a pugni con la Costituzione, in attesa di riforme che tardavano o finché, istituita la Corte costituzionale, questa ha potuto provvedere alla loro cancellazione, o più spesso ad un loro adattamento parziale o ad una interpretazione restrittiva.

Fra i grandi codici che disciplinano organicamente i diversi settori del diritto (civile, penale, processuale) solo il codice di procedura penale è stato interamente rinnovato nel 1988 (con esiti peraltro che sono oggi controversi), gli altri hanno subito solo interventi parziali, come pure solo parzialmente è stata riformata la legge di pubblica sicurezza.

La legge che disciplina lo sciopero nei servizi pubblici essenziali è del 1990. Dello stesso anno sono la legge generale che regola i diritti dei cittadini nei procedimenti amministrativi e l'accesso ai documenti dell'amministrazione, e la legge sulla tutela della concorrenza e del mercato. La prima legge sull'obiezione di coscienza al servizio militare è del 1972, la legge di principio sulla disciplina militare è del 1978, quella sull'ordinamento civile della Polizia di Stato del 1981. La legge che sottraeva la radio-televisione pubblica al controllo formale del Governo è del 1975, mentre solo nel 1990, dopo anni di «anarchia» televisiva, è intervenuta la legge sul sistema radio-televisivo privato (poi colpita da parziale dichiarazione di incostituzionalità, e non ancora adeguata). Le prime leggi sui rapporti fra lo Stato e le confessioni religiose diverse dalla cattolica arrivano solo a partire dal 1984, dopo la revisione del Concordato lateranense con la Chiesa cattolica realizzata lo stesso anno; tuttora manca una nuova legge generale sui culti.

In questo processo un poco sfilacciato nel tempo, a lungo la Costituzione è apparsa spesso, se non un miraggio, un traguardo ancora da raggiungere in vari campi, un programma di cose da fare più che un bilancio di risultati acquisiti. E questo, si badi, ben al di là del suo aspetto propriamente «programmatico», relativo cioè alle norme che indicano obiettivi in qualche modo permanenti e che mai si possono considerare pienamente raggiunti, come la giustizia sociale o l'effettività del diritto al lavoro per tutti.

Nel tempo, tuttavia, la Costituzione ha cessato di essere una sorta di «corpo estraneo» inserito in un ordinamento giuridico informato a vecchi principi: grazie all'opera del legislatore, e spesso ancor più o ancor prima a quella della Corte costituzionale e della magistratura, a sua volta divenuta col tempo più sensibile per formazione e cultura ai valori costituzionali, essa è ormai penetrata e vive nell'ordinamento. Chi legge oggi il testo costituzionale si imbatte forse solo in una disposizione, quella dei commi secondo, terzo e quarto dell'art. 39, che parla un linguaggio estraneo alla legislazione in vigore, poiché non è mai stata fatta, e non sembra essere all'orizzonte, la legge che regola la «registrazione dei sindacati» e la loro «rappresentanza unitaria» per la stipulazione dei contratti collettivi. Su questo punto la non attuazione della previsione costituzionale è stata ed è voluta, per una scelta del mondo sindacale e di quello politico, così che sarebbe giusto, se permane questa linea, abrogare o modificare, e non semplicemente ignorare, la norma costituzionale.

Per il resto, si può parlare di attuazione buona o meno buona, completa o incompleta, efficace o meno efficace. Ma, in ogni caso, a più di cinquant'anni dalla sua promulgazione, la Costituzione ha cessato di essere una sorta di «capitolo aggiunto» in un libro di diritto che parlava un'altra lingua, per divenire a pieno titolo, come è e deve essere, la «testa di capitolo» del sistema legale del paese.

3. *Come leggere la Costituzione*

Il linguaggio della Costituzione

La Costituzione è anzitutto un documento scritto. Provate a leggerla o a rileggerla: non ci vuole molto tempo, anche se la nostra è classificata fra le Costituzioni «lunghe» (ma ve ne sono di assai più estese). Sono 139 articoli, ciascuno diviso in più «commi» (cioè periodi o insieme di periodi dopo ognuno dei quali si va a capo: essi non sono numerati: all'epoca non si usava ancora farlo nei testi legislativi, come invece si fa in Italia dal 1984), oltre a 18 «disposizioni transitorie e finali».

Non è nemmeno una lettura difficile, anche per chi non sia abituato ad avere a che fare con il linguaggio normativo. La Costituzione è scritta in un italiano scorrevole ed elegante: il testo, in occasione del suo coordinamento finale, fu sottoposto per una revisione ad un gruppo di letterati.

Del resto, chi voglia verificare la scorrevolezza di questo testo, non ha che da confrontarlo con quello di molte leggi, specie più recenti (comprese, purtroppo, alcune modifiche da ultimo introdotte nella stessa Costituzione), in cui i tecnicismi, l'approssimazione o l'ambiguità del linguaggio e i richiami – criptici per il lettore comune – ad articoli e commi di altre leggi rendono la comprensione dei testi assai meno facile.

È giusto, del resto, che il testo della Costituzione parli un linguaggio chiaro e comprensibile a tutti. Tutte le leggi, idealmente, dovrebbero farlo (anche se non è facile). Tuttavia la Costituzione non è una legge qualunque: è la legge fondamentale, che esprime le basi del patto di convivenza nella società civile e politica; è dunque qualcosa che ci riguarda tutti da vicino, che tutti dovremmo conoscere e in certo modo interiorizzare.

Lasciamo dunque parlare il linguaggio della Costituzione. Esso risale (salvo che per le parti modificate) a oltre cinquant'anni fa: eppure non si può dire invecchiato. Sì, qualche persona sensibile al linguaggio «sessista» nelle leggi potrà osservare che la Costituzione parla di «diritti dell'uomo» (art. 2), mentre magari oggi si preferirebbe scrivere «diritti della persona umana»; qualcuno potrebbe storcere il naso davanti all'enfasi con cui si sottolinea il «sacro dovere» della «difesa della Patria», o chiedersi perché la «effettiva partecipazione [...] all'organizzazione politica, economica e sociale del Paese» sia riferita a tutti «i lavoratori» anziché ai cittadini o alle persone (art. 3, secondo comma). Ma, nell'insieme, la lingua della Costituzione è ancora la migliore nella quale si possono esprimere i concetti in essa contenuti: quel che più conta, non appaiono per nulla «invecchiati», questi concetti. Ovviamente si potrà osservare che la realtà a cui fanno riferimento gli articoli originari della Costituzione è quella del tempo in cui essa fu approvata. Così, si parla della stampa, ma non della televisione o di Internet (inclusi però, concettualmente, fra i «mezzi di diffusione» del pensiero di cui parla l'art. 21, primo comma). Ma le norme della Costituzione esprimono perlopiù principi, la cui portata è di per sé espansiva, cioè capace di applicarsi anche a realtà fattuali o tecniche ulteriori rispetto a quelle cui guardava chi ha scritto quei testi.

Il linguaggio della storia

La Costituzione parla innanzitutto il linguaggio della storia. Essa contiene e in qualche modo riassume i tratti di una secolare evoluzione, in cui si condensano principi divenuti patrimonio tendenzialmente universale e permanente. Diritti fondamentali, di libertà e sociali, eguaglianza degli individui pur nella diversità delle situazioni e delle funzioni, doveri di solidarietà, principio di legalità e garanzia, attraverso apposite istituzioni, dell'applicazione delle leggi e dell'osservanza dei diritti e dei doveri, cura degli interessi generali affidata ad autorità di diverso livello territoriale, espressioni dirette o indirette delle stesse collettività, sono gli elementi essenziali di questo «deposito» storico, che connota in qualche modo la stessa identità della società politica che noi chiamiamo «Stato» o, nel linguaggio della Costituzione, «Repubblica».

A questa «identità» storica di ordine generale si aggiungono e si sovrappongono, come sottolineature o come specifici sviluppi o applicazioni, i tratti distintivi della storia italiana.

La presenza storica della Chiesa cattolica e la chiusura della «questione romana» emergono nel richiamo dell'art. 7 ai Patti lateranensi; il richiamo alla tutela del paesaggio e del patrimonio storico e artistico (art. 9) evoca la singolarità di un paese in cui arte e cultura hanno lasciato tante testimonianze; il ripudio esplicito della guerra (art. 11) nasce anche dall'esperienza tragica di due conflitti mondiali di cui l'Italia era stata protagonista in trent'anni; il divieto di restrizioni alla libertà di soggiorno per «ragioni politiche» (art. 16, primo comma) evoca l'avversione alla pratica del «confino» nei confronti degli avversari politici, che il fascismo aveva adottato; la ribadita libertà di emigrazione e la tutela del «lavoro italiano all'estero» (art. 16, secondo comma, e art. 35, quarto comma) richiamano un paese che per decenni aveva visto emigrare vaste porzioni della sua popolazione più povera (mentre oggi si va trasformando sempre più in terra di immigrazione); il divieto espresso delle associazioni «che perseguono, anche indirettamente, scopi politici mediante organizzazioni di carattere militare» (art. 18, secondo comma) si spiega col ricordo delle violenze che accompagnarono e favorirono l'avvento del fascismo negli anni Venti del Novecento; la minuziosa disciplina della libertà di stampa, in particolare col divieto espresso di «autorizzazioni o censure», vuole essere l'assicurazione di non ritorno di una legislazione repressiva della stampa come quella esistente nel ventennio fascista; l'attento equilibrio con cui l'art. 33 disegna i rapporti fra scuola statale e non statale (norme generali valide per tutti, istituzione di scuole statali «per tutti gli ordini e gradi», diritto dei privati di istituire scuole «senza oneri per lo Stato», libertà e trattamento scolastico degli alunni «equipollente» per le scuole non statali paritarie, esame di Stato) riflette storia e conflitti del nostro sistema di istruzione; le norme dedicate alla proprietà terriera, alla bonifica, alla trasformazione del latifondo, al sostegno della piccola e media proprietà coltivatrice, ai provvedimenti a favore delle zone montane (artt. 44 e 47, secondo comma), alla «cooperazione a carattere di mutualità e senza fini di speculazione privata» (art. 45, primo comma), all'artigianato (art. 45, secondo comma), riflettono tradizionali caratteristiche della nostra economia; la previsione di diritti politici a favore degli «italiani non appartenenti alla Repubblica» (cioè a cittadini di altri Stati, ma italiani per nazionalità) riecheggia la vocazione «nazionale» dello Stato italiano come costituitosi nel secolo precedente.

Anche le istituzioni pubbliche, pur rifondate nel contesto repubblicano, non sono prive di legami con l'esperienza del passato. Le istituzioni parlamentari previste dalla Costituzione riprendono la tradizione bicamerale preesistente, pur con la trasformazione del Senato in Camera anch'essa elettiva. Le istituzioni giudiziarie sono meglio garantite nella loro indipendenza, ma sono quelle della nostra tradizione: la Corte di cassazione, al vertice della magistratura ordinaria, col compito di assicurare l'uniforme applicazione del diritto e di regolare i rapporti fra le diverse magistrature (art. 111, settimo e ottavo comma); la giurisdizione amministrativa, competente per le controversie fra privati e pubbliche amministrazioni quando operano in veste autoritaria, con al vertice il Consiglio di Stato, organo anche consultivo del Governo (artt. 100, primo comma, e 103, primo comma); la giurisdizione contabile attribuita alla Corte dei conti, organo investito anche di funzioni di controllo sull'amministrazione, che riferisce al Parlamento (artt. 100, secondo comma, e 103, secondo comma). Le istituzioni locali, a parte l'introduzione delle Regioni (e quella, più recente, ancora inattuata, delle Città metropolitane) restano, nonostante periodici dubbi, incentrate sui due livelli tradizionali dei Comuni e delle Province (artt. 114 e seguenti).

La Costituzione repubblicana non disegna dunque uno Stato del tutto nuovo: è lo Stato preesistente che sopravvive, pur profondamente trasformato nelle sue basi costituzionali, ma mantenendo alcuni dei suoi tratti (e nella realtà delle istituzioni e della legislazione, poi, questa continuità è stata ed è ancora maggiore), come quasi sempre accade nella storia delle istituzioni politiche.

Tuttavia, come si è detto, sarebbe del tutto erroneo vedere nella Costituzione un prodotto prevalentemente nazionale, tanto meno autarchico. I principi sono, come già detto, quelli della tradizione bisecolare del costituzionalismo occidentale. I modelli tenuti presenti, e talvolta ricalcati, sono quelli degli Stati democratici europei. Le stesse formule costituzionali sono non di rado mutuate da queste esperienze costituzionali, e a loro volta sono state riprese da Costituzioni più recenti.

Il linguaggio del diritto

La Costituzione è anche, e soprattutto, un testo normativo, una «legge» (la «legge fondamentale»): contiene cioè prescrizioni, cui intende che si adeguino la struttura e l'attività delle istituzioni pubbliche e le condotte degli individui e dei gruppi. Nessuna meraviglia dunque che la Costituzione parli il linguaggio del diritto, e specificamente quello della tradizione giuridica (italiana, ma non solo italiana) in cui si inserisce. Il senso delle proposizioni contenute negli articoli della Carta non è mai solo quello di affermazioni ideologiche o interpretative della realtà, ma è quello di una volontà di «conformazione» dell'ordinamento ai principi e alle regole espresse. La Costituzione dice insomma che cosa i diversi soggetti (i cittadini, le autorità) *devono* fare o non fare, a quali principi e criteri si deve informare la condotta dei diversi protagonisti.

Come tutte le prescrizioni giuridiche, quelle della Costituzione possono essere più o meno osservate, ma la loro inosservanza non è un mero «fatto» neutrale, bensì qualifica i comportamenti individuali o collettivi come «incostituzionali».

Certo, nella Costituzione sono scritti, per così dire, i soli capitoli introduttivi dei vari argomenti e dei vari sistemi normativi che compongono l'ordinamento giuridico. Al di sotto di essi, si sviluppa la realtà legislativa e l'attività concreta delle istituzioni, ed è sempre aperto il confronto, o anche la tensione, fra queste e i principi costituzionali. In Parlamento, nel corso dell'attività di deliberazione delle leggi, è frequente che da una parte o dall'altra si invochi la Costituzione a fondamento di scelte legislative o per avversarle. Nella «vita quotidiana del diritto», cioè nelle vicende concrete che tutti i giorni si sviluppano nei rapporti fra cittadini e autorità pubbliche, fra le stesse autorità, o anche fra privati, la Costituzione è invocata spesso come termine di raffronto di soluzioni e di equilibri giuridici. Ogni anno centinaia di provvedimenti dei più diversi giudici sollevano davanti alla Corte costituzionale dubbi sulla conformità alla Costituzione di disposizioni legislative della cui applicazione si discute. Ogni anno (in modo crescente negli ultimi anni, il che non è però un buon segno) decine di ricorsi alla Corte costituzionale propongono, in nome della Costituzione, conflitti che vedono contrapposti fra loro lo Stato e una o più Regioni, o diversi organi dello Stato. Il dibattito e la polemica politica non di rado sono accompagnati o attraversati da riferimenti costituzionali.

Come ogni norma giuridica, anche quelle della Costituzione sono soggette all'interpretazione, sono talvolta suscettibili di vedersi attribuiti significati diversi e contrastanti. A chi spetta questo compito di interpretazione? Come per tutte le norme giuridiche, l'ultima parola, in caso di controversie sull'applicazione, spetta ai giudici, in particolare, in questo caso, alla Corte costituzionale, che con la sua giurisprudenza ormai quasi cinquantennale ha contribuito e contribuisce a dare «concretezza» agli enunciati della Costituzione. Ma ciò non significa che i magistrati, e anche i giudici della Corte, abbiano una sorta di monopolio nella interpretazione e applicazione della Costituzione, così che il problema dell'osservanza della Costituzione possa esaurirsi come problema «tecnico», per «addetti ai lavori». In realtà, da un lato, poiché la Costituzione contiene i principi fondanti dell'ordinamento, che riguardano i cittadini e le autorità pubbliche, tutti – cittadini, forze sociali e politiche, autorità di ogni genere – portano in qualche modo la responsabilità della interpretazione e dell'applicazione dei principi costituzionali; e anche una Corte costituzionale opera ben all'interno dei processi evolutivi della società e della cultura, che non restano estranei ai modi in cui quei principi si inverano.

Dall'altro lato, la Costituzione contiene essenzialmente norme di principio, oltre e più che regole dettagliate. Interpretare e applicare queste norme non è dunque mai – meno ancora di quanto sia vero per le altre norme giuridiche – una semplice operazione logico-deduttiva, da puro «tecnico del diritto». Si pensi ad un grande e classico principio costituzionale, come quello secondo cui «tutti i cittadini sono eguali davanti alla legge» (art. 3). Come si applica? Al di là dei divieti espliciti di discriminazione in ragione del sesso, della razza, della lingua, ecc., sono eguali in che cosa? E se eguaglianza significa trattare allo stesso modo situazioni eguali, ma in modo diverso situazioni diverse, come si giudica se due situazioni sono eguali o diverse? Quando una differenziazione di disciplina (e il diritto determina infinite differenziazioni) è da ritenersi costituzionalmente ingiustificata? In questi ed in altri casi, si tratta in realtà non tanto di compiere operazioni logiche, quanto di essere coerenti nel perseguire, di fronte ai vari «casi della vita», soluzioni concrete rispettose dell'insieme dei principi che costituiscono la «tavola di valori» costituzionale, quello che talvolta si esprime parlando dello «spirito» della Costituzione.

Costituzione e politica

La Costituzione è un «prodotto» della politica, intesa nel senso più alto: è uno strumento di cui le collettività civili si sono dotate per fondare e indirizzare le regole essenziali della loro convivenza.

Tuttavia, come si è visto, ha questo di particolare, che si propone essa stessa di limitare e regolare l'esercizio dei poteri politici, e specificamente di quelli supremi. Proprio per questo non si deve esagerare nel tentativo di trarre dalla Costituzione indicazioni politiche contingenti. Proprio perché la funzione della Costituzione è di stabilire un terreno comune, dei limiti o dei «paletti» al cui interno possa svolgersi la pacifica competizione democratica, propria di una società dinamica e pluralista, sarebbe sbagliato invocare sempre la Costituzione a sostegno o a contrasto di specifiche scelte legislative e politiche. O meglio: è giusto mettere sempre a confronto programmi e opzioni politiche con i principi e gli obiettivi costituzionali, per verificare che non si perda la «rotta» che la Costituzione traccia, ma non è giusto cercare di piegare quei principi e quegli obiettivi al «servizio» di scelte specifiche. Si rischia altrimenti, da un lato, di irrigidire oltre misura il significato di quei principi, piegandoli al contingente, dall'altro lato di fare della Costituzione l'oggetto di una «appropriazione» ad opera di una parte, di una corrente d'opinione, di uno schieramento, indebolendone la funzione di patrimonio comune e di terreno di incontro.

Proprio perché la Costituzione esprime ciò che è tendenzialmente stabile nella vita della società, essa ammette normalmente una pluralità di orientamenti e di scelte politiche diverse nel tempo, tutte compatibili con i suoi principi. Il cambiamento, l'innovazione politica deve potersi esplicare e mettere alla prova, sia pure entro i limiti segnati dal permanente rispetto degli stessi principi costituzionali.

Non ogni alternativa politica può qualificarsi in termini di costituzionalità/incostituzionalità: anzi, è fondamentale che il confronto e l'alternativa si manifestino fra opzioni tutte costituzionalmente compatibili.

Così, per fare qualche esempio, fermi i principi della tutela del lavoro (art. 35) e dello Stato sociale (art. 38), la scelta degli strumenti, degli equilibri fra intervento pubblico e autonomia privata o collettiva, dei sistemi di finanziamento degli istituti, può essere variamente modulata. Fermi i principi di libertà e di coordinamento dell'attività economica a fini sociali (artt. 41 e 42), la determinazione del tipo e del grado di regolazione e di intervento pubblico è rimessa alle scelte degli organi politici. Fermi i principi del concorso di tutti alla spesa pubblica necessaria per i compiti non eludibili delle strutture pubbliche, nell'ambito di un sistema tributario informato a criteri di proporzione alla capacità contributiva e di progressività (art. 53), la scelta del livello e del tipo di prelievo fiscale dipende dalle opzioni politiche anche in relazione alle possibilità e all'andamento dell'economia. E si potrebbe proseguire nell'esemplificazione.

La Costituzione, più che determinare, limita e incanala, per così dire, le scelte dei Governi e dei Parlamenti, che restano, entro questi larghi confini, affidate ai meccanismi della politica e del consenso elettorale.

I confini della Costituzione segnano il discrimine fra ciò che nel confronto politico è per sua natura opinabile e negoziabile, e ciò che deve essere salvaguardato con intransigenza, perché non negoziabile. Segnano anche il discrimine, nell'attività degli organi di garanzia costituzionale, come la Corte costituzionale, fra l'area del doveroso rispetto delle scelte e della «discrezionalità» del legislatore, cioè delle maggioranze politiche che nel tempo si formano, e la difesa dei principi da ogni possibile attentato da parte di qualsiasi maggioranza.

Si obietterà che anche i principi costituzionali possono, nel tempo e cambiando le circostanze, essere oggetto di diverse interpretazioni e quindi assumere diversi significati. Questo è vero, specie se si ha riguardo al lungo periodo, in una esperienza costituzionale «longeva» come ormai è anche la nostra. Ma si tratta di un tipo di evoluzione che segue comunque ritmi e percorsi diversi da quelli della politica di ogni giorno, che segue i ritmi di trasformazione profonda della società, e comunque mantiene o tende a mantenere ferme le acquisizioni essenziali condensate nella Costituzione. Tutt'altra cosa è la disponibilità, in nome di interessi particolari o di oscillazioni dell'opinione pubblica, a trascurare o barattare i «punti fermi» che la Costituzione mira a salvaguardare.

Questa considerazione ci consente anche di mettere a fuoco il problema del *consenso* che sorregge la Costituzione. Un sistema costituzionale, come ogni sistema giuridico, ha bisogno, per reggersi nel tempo, di un consenso di fondo nella società in cui si sviluppa, e alla lunga nessun sistema potrebbe resistere indenne se venisse meno questo consenso. Perciò, fra l'altro, è importante che i valori e i principi della Costituzione divengano il più possibile patrimonio comune e permanente della società, che essi siano «interiorizzati», divengano cultura diffusa, anche attraverso una «educazione costituzionale» che valga a trasmettere questo patrimonio di generazione in generazione. Solo la permanenza del consenso di fondo sulla Costituzione – oltre, naturalmente, al buon funzionamento degli stessi meccanismi costituzionali di garanzia – possono far sì che interessi o «umori» contingenti, faziosità o intenti polemici non riescano, utilizzando i delicati meccanismi di formazione del consenso elettorale, a mettere a rischio i principi di cui la Costituzione stessa è espressione. È stato detto che le Costituzioni sono lo strumento che i popoli si dànno nel momento della saggezza, a valere per il momento della confusione.

L'impianto sistematico della Costituzione è molto nitido. Esso deriva da una proposta di Aldo Moro, costituente democristiano e membro della Commissione «dei settantacinque».

I primi dodici articoli sono raggruppati sotto il titolo «Principi fondamentali», ed esprimono le basi essenziali della Costituzione: i principi sulla struttura della Repubblica (artt. 1, 5), sulla posizione degli individui e dei gruppi nel sistema costituzionale e sui compiti della Repubblica a tale riguardo (artt. 2, 3, 4, 6), sui rapporti fra lo Stato e la comunità internazionale (artt. 10, 11).

Ha una ragione storica, più che sistematica, la presenza in questo contesto degli articoli sui rapporti con le confessioni religiose (artt. 7, 8): la Costituzione ha voluto ribadire il più solennemente possibile che lo Stato riconosce l'«alterità» della Chiesa di fronte a sé, il suo porsi come istituzione del tutto indipendente dallo Stato e non da esso derivata («Lo Stato e la Chiesa cattolica sono, ciascuno nel proprio ordine, indipendenti e sovrani»: art. 7, primo comma), e insieme la «neutralità» dello Stato di fronte al pluralismo delle fedi e delle confessioni («Tutte le confessioni religiose sono egualmente libere davanti alla legge»: art. 8, primo comma).

L'art. 9 («La Repubblica promuove lo sviluppo della cultura e la ricerca scientifica e tecnica. Tutela il paesaggio e il patrimonio storico e artistico della Nazione») testimonia il rilievo che la Costituente ha inteso dare alla salvaguardia e allo sviluppo del patrimonio culturale del paese.

L'art. 12 («La bandiera della Repubblica è il tricolore italiano: verde, bianco e rosso, a tre bande verticali di eguali dimensioni»), si riferisce ad un simbolo identificativo dello Stato, mentre un altro elemento identificativo, la capitale dello Stato in Roma, è stato collocato oggi (con la recente riformulazione del titolo V della II parte) nel nuovo art. 114.

La formale collocazione di questi articoli non vuol dire peraltro che solo da essi si traggano i principi fondamentali che ispirano la Costituzione. Il testo di questa è un insieme unitario, e dall'insieme si ricavano i principi. I primi dodici articoli sono come il fastigio, che l'architetto della Costituzione ha posto sopra l'edificio.

Questo è poi suddiviso in due parti: la prima dedicata ai «diritti e doveri dei cittadini», e dunque, fondamentalmente, alla posizione degli individui e dei gruppi e ai loro rapporti con gli apparati pubblici; la seconda dedicata all'«ordinamento della Repubblica», e dunque all'organizzazione e all'attività dei poteri pubblici. Sono i due grandi oggetti delle Costituzioni moderne, quelli che l'art. 16 della *Dichiarazione dei diritti* del 1789 proclamava necessari perché un paese abbia una Costituzione: il riconoscimento dei diritti dell'uomo e la divisione dei poteri.

L'architettura della prima parte, divisa in quattro titoli, ha un fondamento ideologico preciso. Vi è una linea «ascendente», dall'individuo considerato come singolo alle «formazioni sociali in cui si svolge la sua personalità» (art. 2). Si comincia dai «Rapporti civili» (titolo I, artt. 13-28) in cui l'individuo è considerato come tale, col suo patrimonio di diritti legati alla semplice esistenza come singolo soggetto.

Seguono i «Rapporti etico-sociali» (titolo II, artt. 29-34), con la disciplina delle prime «formazioni sociali» in cui l'individuo si trova inserito: la famiglia e la scuola. Insieme si tratta anche della salute, con le sue due facce, di «fondamentale diritto dell'individuo» e di «interesse della collettività» (art. 32).

Terzo gradino: i «Rapporti economici» (titolo III, artt. 35-47), con l'ampia e dettagliata «Costituzione economica», in cui l'attività economica è vista, oltre che sotto il profilo individuale, sotto quello comunitario (la comunità del lavoro e dell'impresa).

Al sommo della piramide stanno i «Rapporti politici» (titolo IV, artt. 48-54): qui l'individuo è visto come costitutivo della più comprensiva «comunità politica», ordinata secondo il principio democratico. La comunità politica chiede agli individui l'adempimento dei doveri «di solidarietà politica, economica e sociale» (art. 2), che si concretano in specifici obblighi (la difesa, il concorso alle spese pubbliche attraverso il prelievo fiscale, la fedeltà alla Costituzione e alle leggi: artt. 52-54).

L'architettura della seconda parte della Costituzione, divisa in sei titoli, è scandita in base agli organi supremi e alle funzioni fondamentali dello Stato. Prima i poteri nazionali che derivano direttamente o indirettamente dal popolo, cui spetta la «sovranità» (art. 1, secondo comma). Innanzitutto il Parlamento, cui è dedicato il titolo I, diviso in due sezioni. La prima (artt. 55-69) è dedicata a «Le Camere»; la seconda sezione, «La formazione delle leggi» (artt. 70-82) contiene anche le norme sul referendum abrogativo (art. 75) e sui casi di esercizio della funzione legislativa da parte del Governo (artt. 76, 77).

Segue il titolo II, sul Presidente della Repubblica (artt. 83-91), con le norme sul modo di elezione, la durata in carica, le funzioni fondamentali, i rapporti col Governo, la responsabilità.

Il titolo III tratta del Governo. La prima sezione («Il Consiglio dei ministri», artt. 92-96) contiene anche le norme fondamentali sul rapporto di fiducia con il Parlamento. La seconda sezione («La pubblica amministrazione», artt. 97-98) contiene le norme sui pubblici uffici e i pubblici impiegati, norme che in realtà estendono la loro portata al di là dell'amministrazione centrale, dipendente dal Governo, per riguardare tutti i corpi amministrativi pubblici. La terza sezione («Gli organi ausiliari», artt. 99-100) disciplina il Consiglio nazionale dell'economia e del lavoro, il Consiglio di Stato nella sua funzione consultiva, la Corte dei conti nella sua funzione di controllo.

Alla «Magistratura» è dedicato il titolo IV, diviso in due sezioni: la prima («Ordinamento giurisdizionale», artt. 101-110) contiene le norme fondamentali sull'esercizio della funzione giurisdizionale e sulla indipendenza di tutte le magistrature dagli altri poteri; la seconda sezione («Norme sulla giurisdizione», artt. 111-113) contiene alcune norme sui modi concreti in cui si svolge la funzione giurisdizionale, fra cui quelle, recentemente introdotte, sul cosiddetto «giusto processo» (cioè sulle regole processuali fondamentali: art. 111) e la regola secondo cui «il pubblico ministero ha l'obbligo di esercitare l'azione penale» (art. 112).

Il titolo V («Le Regioni, le Province, i Comuni», artt. 114-133), in attuazione del principio fondamentale dell'autonomia (art. 5), eleva a livello costituzionale Comuni, Province e Regioni (e, oggi, Città metropolitane), cioè gli enti di governo territoriali diversi dallo Stato centrale. L'impianto di questa parte della Costituzione è profondamente mutato con le leggi costituzionali n. 1 del 1999 e n. 3 del 2001 (quest'ultima ha fra l'altro abrogato, senza sostituirli, gli artt. 115, 124, 128, 129, 130). Del testo precedente sopravvivono integri solo gli artt. 131 e 133, con l'elenco delle Regioni e le norme per le modifiche territoriali e la costituzione di nuovi Comuni e Province, gli altri essendo tutti stati sostituiti, modificati o abrogati.

Il VI e ultimo titolo della parte II si intitola alle «Garanzie costituzionali» e si divide in due sezioni: la prima («La Corte costituzionale», artt. 134-137) detta le fondamentali norme su questo organo, posto a presidio dell'osservanza della Costituzione; la seconda sezione («Revisione della Costituzione. Leggi costituzionali», artt. 138-139) disciplina la speciale procedura che deve essere seguita per l'approvazione delle leggi che modificano o integrano la Costituzione, e sottrae la forma repubblicana dello Stato allo stesso potere di revisione. Solo con questa procedura, e in questi limiti, è possibile che nuove leggi cambino ciò che la Costituzione ha stabilito; ogni altra manifestazione del potere pubblico è soggetta alla Costituzione, e deve essere ad essa conforme. Ecco perché, a buon diritto, anche queste norme stanno sotto il titolo delle «Garanzie costituzionali».

Ai 139 articoli della Costituzione fa seguito un gruppo di 18 «disposizioni transitorie e finali», indicate con numeri romani. Esse dettano sia norme sul passaggio dal precedente al nuovo sistema, sia alcune norme speciali che regolano, anche derogando a norme generali della Costituzione, situazioni relative all'ordinamento precedente: sono le norme sul divieto di ricostituzione del «disciolto partito fascista» (XII disposizione transitoria e finale:

misura che va perdendo, o ha già perduto, il suo significato di specifica cautela con l'allontanarsi nel tempo delle circostanze e delle realtà in cui era sorto il partito di Mussolini), e sul divieto per i membri e i discendenti di casa Savoia di ricoprire uffici pubblici e cariche elettive, nonché, per gli ex re, le loro consorti e i loro discendenti maschi, di soggiornare in Italia (XIII disposizione transitoria e finale: divieto ora venuto meno, in forza della legge costituzionale n. 1 del 2002, mentre è rimasta in piedi la norma sulla avocazione allo Stato dei beni di casa Savoia già esistenti nel territorio nazionale). L'ultima (la XVIII) disposizione transitoria e finale disponeva la promulgazione e la pubblicazione della Costituzione, e prevedeva che copia del testo rimanesse esposta in ogni casa comunale per tutto l'anno 1948, «affinché ogni cittadino possa prenderne cognizione»; l'articolo si chiude con la solenne affermazione secondo cui «la Costituzione dovrà essere fedelmente osservata come Legge fondamentale della Repubblica da tutti i cittadini e dagli organi dello Stato».

4. *Le parole chiave della Costituzione: i diritti e i doveri*

Diritti «inviolabili» e doveri «inderogabili»

In qualunque sistema legale i soggetti, le persone, hanno diritti e doveri. Si vedono riconosciute dalle leggi delle «posizioni» di vantaggio, per cui possono fare certe cose o ottenere certi beni. Allo stesso modo, dalle leggi derivano per le persone delle «posizioni» di soggezione, cioè degli obblighi o dei doveri. Il riconoscimento dei miei diritti comporta che, se essi non vengono spontaneamente soddisfatti, io posso chiedere che un giudice dello Stato costringa, con un «ordine» esecutivo, cioè assistito dalla forza dello Stato, il soggetto obbligato nei miei confronti a soddisfare o a rispettare il mio diritto; a mia volta, se non adempio ai doveri che gravano su di me, potrò essere costretto a farlo da un ordine del giudice assistito dalla forza dello Stato. L'ordine giuridico cioè «garantisce» i miei diritti e i miei obblighi.

Che cosa comporta di più o di diverso la Costituzione in questa «rete» di diritti e di doveri in cui ciascuno di noi si trova inevitabilmente inserito?

Anzitutto, i diritti riconosciuti non riguardano più solo le relazioni fra privati, ma anche il rapporto con le autorità pubbliche. Storicamente, il passaggio fondamentale è quello da un sistema nel quale l'autorità ha solo poteri nei confronti degli individui – dei «sudditi» – e questi sono interamente sottoposti alle autorità, ad uno nel quale anche l'autorità *deve* rispettare certi diritti dei «cittadini», anche il potere pubblico è limitato e per così dire imbrigliato da regole legali. Questo passaggio, per lo più, avviene con le Costituzioni.

Nel sistema costituzionale ogni soggetto ha dei diritti che può far valere nei confronti delle autorità pubbliche, e può ricorrere ad un giudice anche per ottenere la soddisfazione di un diritto violato da un atto o da un comportamento di queste.

Inoltre, l'esistenza e il contenuto dei diritti protetti dalla Costituzione non sono lasciati alla libera determinazione delle autorità, e nemmeno delle leggi, ma sono, appunto, garantiti dalla stessa Costituzione, per cui, anche se vi fosse una legge che li disconosce, i soggetti potrebbero egualmente vantare quei diritti e ottenere che quella legge non sia applicata in quanto *incostituzionale*. Di più, nemmeno una legge costituzionale potrebbe far scomparire il «nucleo essenziale» di quei diritti, che la Costituzione, dichiarandoli «inviolabili» (art. 2) sottrae – secondo quanto affermato dalla Corte costituzionale – alla stessa possibilità di una revisione della Costituzione.

La Costituzione dunque appresta una sorta di barriera di protezione di alcuni diritti, che non possono essere disconosciuti o violati, né dalle pubbliche autorità, nazionali, regionali o locali, né da altri privati.

La parola chiave è «diritti inviolabili». Spesso si parla di diritti «fondamentali», anche se la Costituzione usa questo termine solo occasionalmente (riconoscendo la salute «come fondamentale diritto dell'individuo»: art. 32, primo comma). Ciò che interessa è che si tratti di diritti garantiti dalla stessa Costituzione.

Secondo l'architettura costituzionale, che abbiamo ricordato nel capitolo 3, i diritti sono suddivisi in quattro ambiti. Il primo è quello dei classici diritti «civili» (titolo I della prima parte): libertà dagli arresti arbitrari (art. 13); inviolabilità del domicilio, cioè dello spazio fisico (la casa, l'ufficio, l'interno dell'automobile) che in qualche modo prolunga la libertà della persona (art. 14); libertà e segretezza della corrispondenza e delle comunicazioni (postali, telegrafiche, telefoniche, ecc.), cioè possibilità di comunicare e divieto di intercettare le comunicazioni, se non a certe particolari condizioni (art. 15); libertà di circolare e soggiornare in tutto il territorio nazionale, di uscirne e rientrarvi (art. 16); libertà di riunirsi, anche nei luoghi pubblici come strade o piazze, in modo pacifico e disarmati (art. 17); libertà di dar vita ad associazioni – non segrete e, se a scopo politico, senza organizzazione di tipo militare – per qualsiasi fine che l'individuo possa lecitamente perseguire, o di aderirvi o di uscirne (art. 18); libertà di professare qualsiasi religione o culto, compiendone i riti purché non contrari al buon costume, e di dar vita ad enti di religione o di culto senza limitazioni speciali (artt. 19 e 20); libertà di manifestare e diffondere il proprio pensiero con qualsiasi mezzo, in particolare con divieto di sottoporre la stampa a censure o a forme di autorizzazione preventiva da parte dell'autorità (art. 21: si ammettono invece forme di intervento repressivo a posteriori, quale il sequestro dello stampato, a tutela di altri interessi, costituzionalmente protetti, che l'esercizio concreto della libertà di stampa eventualmente pregiudichi, come nel caso della diffamazione o della rivelazione di atti coperti da legittimo segreto); diritto a conservare la cittadinanza e il nome (art. 22); diritto di avvalersi della giustizia per ottenere la soddisfazione dei propri diritti o farne cessare le violazioni o ottenere riparazioni e risarcimenti in caso di violazioni avvenute (art. 24); i diritti di chi sia imputato di reati e condannato a pene (ancora art. 24, e artt. 25, 27, e ora anche 111: nella storia la giustizia penale, in cui si estrinseca la funzione irrinunciabile dello Stato di prevenire e reprimere i crimini, è stata spesso terreno di abusi e di eccessi, per cui si spiega la cura della Costituzione nel proteggere i diritti dell'accusato fino all'accertamento definitivo, e anche quelli del condannato, poiché anche le pene debbono rispettare comunque dei limiti); diritto di non essere consegnati alle autorità di altri Stati se non a certe condizioni (la così detta estradizione: art. 26); diritto a far valere direttamente, davanti al giudice, la responsabilità dei funzionari pubblici che compiano atti in violazione di diritti (art. 28).

Sotto il titolo dei rapporti «etico-sociali» troviamo i diritti della famiglia, dei genitori e dei figli (artt. 29, 30 e 31); il diritto alla salute (art. 32); la libertà di ricerca e di insegnamento (art. 33); il diritto di accedere alla scuola – gratuitamente per quella dell'obbligo – e, per i capaci e meritevoli, di raggiungere ogni grado di istruzione (art. 34).

L'economia (titolo III) è soprattutto il campo dei diritti «sociali»: i diritti del lavoratore (artt. 35-37); i diritti sindacali, di sciopero e di partecipazione nella gestione delle aziende (artt. 39, 40 e 46); il diritto all'assistenza e previdenza sociale (art. 38); la libertà di iniziativa economica (art. 41); il diritto alla protezione della proprietà e all'accesso ad essa (art. 42), con speciale riguardo alla casa (art. 47, secondo comma) e alla proprietà coltivatrice (art. 44).

I diritti «politici» riguardano l'elettorato, attivo e passivo (diritto di votare e di essere eletti (artt. 48 e 51); il diritto di accesso agli uffici pubblici in base ai requisiti stabiliti (art. 51); il diritto di dar vita o di aderire a partiti politici (art. 49); il diritto di rivolgere «petizioni», cioè richieste di intervento, alle Camere (art. 50).

Ai diritti «inviolabili» la Costituzione accosta i doveri «inderogabili»: il valore del termine è analogo, nel senso che la garanzia del loro adempimento è altrettanto essenziale alla Repubblica. L'art. 2 li definisce genericamente come doveri «di solidarietà politica, economica e sociale», e li colloca dunque negli stessi ambiti in cui colloca i diritti. In particolare, sotto il titolo dei «rapporti politici», sono poi enunciati alcuni specifici doveri. Il primo è quello di difesa della patria, con l'obbligo del servizio militare nei limiti di legge (art. 52: oggi la legge ha previsto, a partire dal 2007, la sospensione degli obblighi di leva in tempo di pace, ma resta, ovviamente, la possibilità per il legislatore di regolare la materia secondo le variabili esigenze o valutazioni). Poi sono enunciati il dovere tributario, cioè di concorrere con la propria ricchezza alla spesa pubblica in relazione alla capacità economica di ciascuno (art. 53); e il dovere di fedeltà alla Repubblica (art. 54).

Si discute fra i giuristi se quello dei diritti costituzionali sia un «catalogo» chiuso, limitato ai diritti espressamente nominati nella Costituzione, o invece un catalogo aperto, che la giurisprudenza può arricchire facendo leva sulla «clausola generale» dell'art. 2, che parla genericamente dei diritti dell'uomo «sia come singolo sia nelle formazioni sociali ove si svolge la sua personalità». In ogni caso, vi sono diritti in qualche modo impliciti in quelli elencati: per esempio il diritto alla riservatezza della vita privata (la *privacy*), che soprattutto la giurisprudenza dei paesi anglosassoni ha elaborato, è implicito nelle libertà del domicilio e delle comunicazioni, garantite dagli artt. 14 e 15 della Costituzione.

Come si può vedere scorrendo gli articoli, il contenuto dei diritti e dei doveri è solo in parte definito dalla Costituzione: per il resto esso è affidato alla legge, a cui la Costituzione pone dei limiti o impone delle direttive. È necessario dunque introdurre nel nostro discorso altre parole chiave, come «libertà» e «legge».

Libertà «da» e diritti «di»

«Libertà» e «liberamente» sono termini ricorrenti nel testo. Sono espressamente dichiarate inviolabili la «libertà personale» (art. 13), quella di domicilio (art. 14) e quella delle comunicazioni (art. 15). È garantito il diritto di «circolare e soggiornare liberamente», di uscire dal territorio nazionale e di rientrarvi, nonché di emigrare (artt. 16; 35, quarto comma; 120, primo comma), di «associarsi liberamente» (art. 18), di «professare liberamente la propria fede religiosa» (art. 19), di «manifestare liberamente il proprio pensiero» (art. 21), di «associarsi liberamente in partiti» (art. 49). È assicurata la «piena libertà» delle scuole non statali (art. 33, quarto comma). Le confessioni religiose sono «egualmente libere davanti alla legge» (art. 8). Sono «libere» l'arte e la scienza, e il loro insegnamento (art. 33), l'organizzazione sindacale (art.

39), l'iniziativa economica privata (art. 41). È «libero» il voto (art. 48, secondo comma).

In tutti questi casi ciò che la Costituzione si preoccupa di garantire è che individui e gruppi possano organizzarsi e agire secondo le proprie scelte senza essere soggetti a prescrizioni, vincoli o limitazioni indebite da parte delle autorità pubbliche (e, a maggior ragione, da parte di altri soggetti privati). La libertà è, per così dire, il contraltare del potere, lo limita.

Naturalmente la libertà di cui parla la Costituzione non è quella di fare, in assoluto, tutto ciò che si vuole, il che contrasterebbe con lo stesso concetto di convivenza civile. Ma essa significa, anzitutto, che l'autorità può vietare o imporre comportamenti, e, a maggior ragione, può utilizzare la forza di coercizione nei confronti delle persone, solo in nome di riconosciuti interessi di altri soggetti o della collettività, e nei limiti in cui ciò sia necessario per salvaguardare tali interessi: per cui, dove non sussistono tali divieti o prescrizioni, nessuno può pretendere di imporre ad altri cosa scegliere o come agire. È ciò che la *Dichiarazione dei diritti* francese del 1789 esprimeva all'art. 4, affermando che «la libertà consiste nel poter fare tutto ciò che non nuoce ad altri: perciò, l'esercizio dei diritti naturali di ogni uomo non ha altri limiti se non quelli che assicurano agli altri membri della società il godimento di questi stessi diritti», e all'art. 5, affermando che «tutto ciò che non è vietato dalla legge non può essere impedito, e nessuno può essere costretto a fare ciò che essa non comanda».

La differenza fra un regime costituzionale della libertà e un regime in cui questi principi non operano non è tanto quantitativa (cioè non attiene al maggiore o minor numero di vincoli esistenti rispetto alle libere scelte dei singoli), quanto qualitativa: nel regime costituzionale solo certi vincoli possono essere imposti e fatti valere, e a certe condizioni; al di fuori di ciò il singolo è «libero» e la sua libertà non può essere legalmente limitata.

Vi sono però diritti «inviolabili» della persona che non si sostanziano nell'assicurare una sfera di libertà «negativa».

Noi possiamo dire che una persona è libera se non esistono vincoli legali al suo agire: ma sappiamo bene che l'esercizio della libertà per così dire «naturale» presuppone che, in fatto, la persona sia in condizioni di potere realmente scegliere, e che queste condizioni consistono anche in presupposti di ordine materiale, come la disponibilità dei mezzi indispensabili per vivere; chi non gode di queste condizioni ad un minimo livello, non è, spesso, nemmeno molto interessato a godere delle libertà «formali» che la Costituzione gli assicura, perché non sa che farsene. Vi sono poi libertà, come quella di stampa o di circolazione, che richiedono mezzi per essere esercitate: se non si possiedono questi mezzi, la libertà resta, in questi casi, un vuoto simulacro.

È questo il tema degli «ostacoli di ordine e economico e sociale che, limitando di fatto la *libertà* e l'eguaglianza dei cittadini, impediscono il pieno sviluppo della persona umana e l'effettiva partecipazione di tutti i lavoratori all'organizzazione politica, economica e sociale del Paese» (art. 3, secondo comma). La norma della nostra Costituzione esprime con particolare efficacia un'altra idea-forza del costituzionalismo. Lo Stato, l'autorità che governa la collettività, non può limitarsi ad assicurare condizioni di libertà «formale», cioè di assenza di costrizioni legali, ma deve concretamente operare perché tutte le persone possano «di fatto» esercitare la loro libertà e perseguire il proprio «pieno sviluppo». A questo fine, da un lato, è necessario che l'autorità provveda dei mezzi, ad esempio le reti di trasporto e comunicazione necessarie perché si possa in concreto esercitare la libertà di circolazione e di comunicazione (anche le libertà possono «costare»); dall'altro lato, è necessario il riconoscimento costituzionale di altri diritti, quelli che chiamiamo in genere «sociali». Il diritto al lavoro, anzitutto, poiché di norma è svolgendo un'attività lavorativa, «secondo le proprie possibilità e la propria scelta» (art. 4), che le persone si procurano i mezzi per un'esistenza «libera e dignitosa» (art. 36, primo comma: ecco che si riparla di libertà). E poi il diritto all'istruzione (art. 34), alla formazione professionale (artt. 35, secondo comma; 38, terzo comma), all'assistenza e alla previdenza sociale (art. 38).

È intuitivo come questi diritti si configurino diversamente da quelli di «libertà» in senso stretto di cui si è detto prima. Qui la Costituzione non vieta all'autorità di interferire con la sfera del singolo o della formazione sociale, ma *impone* ad essa di creare determinate condizioni, che rendano «effettivo» il diritto (troviamo questa espressione nell'art. 4 e nell'art. 34, quarto comma). Se, sul terreno delle libertà «negative», il principio è che si possono imporre alle persone solo i vincoli legali che siano indispensabili per tutelare altri interessi dello stesso valore, sul terreno dei diritti sociali il principio è che si devono assicurare a tutte le persone le prestazioni, i servizi, i mezzi necessari perché il diritto possa dirsi soddisfatto. Nel primo caso la Costituzione *limita* l'intervento autoritario, qui lo *richiede*.

Nel primo caso la legge trova nella Costituzione, per lo più, i confini massimi del proprio intervento, nel secondo caso trova il fondamento e, per così dire, i confini minimi: ciò a cui non può fare a meno di provvedere.

Però quest'ultima contrapposizione non è sempre così netta. Per esempio, la tutela della libertà «negativa» delle comunicazioni richiede anche che la legge intervenga positivamente a vietare e a reprimere comportamenti lesivi di essa, come intercettazioni abusive ad opera di altri privati: non basta dunque che la legge ometta di prevedere vincoli, occorre anche che difenda concretamente da attentati alla libertà. Per converso, la tutela dei diritti sociali del lavoro può richiedere che la legge ponga dei limiti anche «negativi» alla libera iniziativa economica o alla libertà contrattuale, e può giustificare questi limiti: infatti l'iniziativa economica è bensì «libera», ma non può svolgersi «in modo da recare danno alla sicurezza, alla libertà, alla dignità umana» (art. 41). Qui la Costituzione limita una libertà imponendo la tutela di altri diritti, e dunque non vi è più solo un limite massimo, ma anche uno minimo all'intervento autoritario (di regolazione).

La differenza tracciata fra diritti «di libertà» e diritti «sociali» (o, più in generale, fra contenuti «negativi» e contenuti «positivi» dei diritti) emerge soprattutto quando si considera il modo e le condizioni della loro tutela in concreto. Se si tratta solo di vietare interventi autoritari limitativi della libertà, l'applicazione della Costituzione richiede, in linea di massima, solo il rispetto del divieto: posso andare da un giudice, e chiedere che l'atto che infrange il divieto costituzionale sia annullato, così recuperando la mia libertà conculcata. Se si tratta di assicurare la effettività di un diritto a contenuto positivo (come quello all'istruzione o alla assistenza sociale) c'è una condizione in più: occorrono i mezzi materiali per assicurare tale effettività. Può darsi che la legge vi provveda obbligando altri soggetti: per esempio il datore di lavoro deve assicurare ai suoi dipendenti una retribuzione sufficiente e la copertura contributiva per la previdenza. Ma altre volte è necessario provvedere con risorse pubbliche, come nel caso dell'assistenza sociale o di quella sanitaria necessaria per garantire il diritto alla salute; a loro volta le risorse pubbliche debbono essere apprestate in misura sufficiente, per esempio attraverso l'imposizione fiscale, e ne deve essere organizzato l'impiego mediante appositi servizi e apparati. In questo caso l'effettività del diritto più difficilmente può essere assicurata solo dando accesso ad un giudice, se manca l'organizzazione delle risorse; inoltre, il livello quantitativo al quale il diritto è soddisfatto può variare a seconda della quantità di risorse disponibili e che vengono effettivamente destinate allo scopo.

Anche qui, tuttavia, la contrapposizione non è sempre così netta. Per esempio, la garanzia dei diritti di libertà contro attentati da parte di altri soggetti privati esige anche l'apprestamento di norme e di apparati repressivi per prevenire e combattere le violazioni, il che richiede risorse e organizzazione delle medesime (apparati di sicurezza, servizi giudiziari, ecc.). Per converso, se certi diritti sociali sono garantiti con norme che impongono obblighi ad altri soggetti (così nel caso dei rapporti di lavoro), l'effettività del diritto è garantita dalla sola imposizione legale degli obblighi, la cui osservanza può essere assicurata dal giudice, come nel caso delle libertà «negative» (ma, naturalmente, non sarà possibile assicurare in questo modo il diritto a *trovare* un lavoro, o anche a conservarlo, se mancano le condizioni materiali).

Queste caratteristiche diverse dei diritti garantiti dalla Costituzione ci danno ragione della diversità delle «tecniche» di garanzia e del modo in cui si pongono, in concreto, i problemi di applicazione delle norme costituzionali. Fra le centinaia di questioni di costituzionalità di leggi, che ogni anno vengono poste dai giudici all'attenzione della Corte costituzionale, molte riguardano proprio le garanzie dei diritti.

Ci può essere la classica questione sulla costituzionalità di una norma «repressiva». Per esempio, il codice penale puniva la costituzione o la partecipazione ad associazioni «antinazionali» (art. 271 del codice penale): un delitto rimasto nel codice dall'epoca fascista. Qui la domanda era: la previsione di questo reato è compatibile con la garanzia costituzionale della libertà di associarsi liberamente «per fini che non sono vietati ai singoli dalla legge penale» (art. 18)? La limitazione così frapposta alla libertà associativa è compresa o no fra le limitazioni costituzionalmente ammesse, o eccede questi confini? La risposta è stata nel senso della incostituzionalità (sent. n. 243 del 2001): una norma che punisca le associazioni aventi questo scopo, lecito per i singoli, eccede dai confini di ciò che la legge può fare, secondo la Costituzione, nel dettare i limiti di esercizio della libertà di associazione. Effetto della garanzia costituzionale in questo caso è l'annullamento della norma del codice: nessuno può (più) essere imputato di questo reato.

La situazione è più complessa quando viene invocato un diritto «sociale». La misura in cui un diritto sociale è riconosciuto e i presupposti soggettivi e oggettivi per il suo riconoscimento sono di regola stabiliti da leggi o da contratti collettivi, che tengono anche conto delle risorse disponibili e degli equilibri economici necessari. Se si constatasse che una categoria di persone fosse del tutto priva della protezione richiesta dalla Costituzione, la Corte costituzionale non potrebbe che dichiarare l'incostituzionalità della legge *nella parte in cui non prevede* certe prestazioni a favore dei soggetti interessati. Ma se si discute della misura delle prestazioni (ad esempio, dell'importo delle retribuzioni o delle pensioni dovute) o delle condizioni per goderne (ad esempio, dei limiti di reddito al di sotto dei quali opera una speciale prestazione) difficilmente la Corte potrebbe sostituirsi al Parlamento ed al Governo nel determinare le prestazioni tenendo conto delle risorse disponibili e degli equilibri economici condizionanti.

Vi sono casi in cui, per esempio a proposito di certi trattamenti pensionistici o di fine rapporto, la Corte è arrivata a estendere i benefici al di là di quanto previsto dalla legge (dichiarando questa incostituzionale per la parte ritenuta insufficientemente protettiva), in generale facendo leva sul principio di eguaglianza per affermare che erano ingiustificatamente sacrificati determinati soggetti rispetto ad altri. Ma non di rado in questi casi si è criticata la Corte addebitandole di avere pronunciato sentenze che imponevano oneri ingenti al bilancio pubblico senza potersi fare carico, come invece deve fare il legislatore, della «copertura» finanziaria degli stessi.

In via di principio, la Corte non può fermarsi se sono in gioco i livelli minimi di protezione sociale che per Costituzione non possono essere negati, mentre dovrebbe essere assai più prudente quando si discute di prestazioni sociali diverse e ulteriori. In ogni caso, si vede bene come la protezione costituzionale dei diritti sociali di questo tipo non possa prescindere dal misurarsi con il problema delle risorse e della loro destinazione.

Più in generale, l'ambito e i limiti della garanzia costituzionale di tutti i diritti, a contenuto «negativo» o «positivo», al di là del loro nucleo essenziale comunque «inviolabile», sono quasi sempre condizionati da problemi che i giuristi chiamano di «bilanciamento», cioè di equilibrio fra più diritti che possono essere in collisione fra di loro (tipico esempio: il diritto alla libera iniziativa economica, alla proprietà e alla libertà contrattuale, e quello a vedere assicurati equi rapporti sociali in certi settori, come gli affitti di case o di fondi agricoli, anche attraverso regole vincolistiche); o di equilibrio fra lo spazio di garanzia del diritto e la necessaria protezione di interessi collettivi pure rilevanti sotto il profilo costituzionale (per esempio, fra libertà personale e interesse collettivo alla prevenzione dei delitti, o fra libertà di espressione e di informazione e protezione di segreti a tutela di rilevanti interessi pubblici). Talvolta è la stessa Costituzione che stabilisce dettagliatamente questi limiti (per esempio fissando nel massimo di 96 ore – 48 + 48 – la durata di provvedimenti restrittivi di libertà personale adottati in via di urgenza dalla polizia: art. 13, terzo comma); ma più spesso la Costituzione usa clausole generali (ad esempio: «comprovati motivi di sicurezza o di incolumità pubblica», art. 17, secondo comma; «motivi di interesse generale», art. 42, terzo comma), e dunque saranno in concreto prima il legislatore, e poi i giudici e la Corte costituzionale, a dover operare il «bilanciamento» o a verificarne la ragionevolezza.

Questo non vuol dire che alla Costituzione si possa far dire tutto e il contrario di tutto, facendo pendere la bilancia da una parte o dall'altra: vuol dire però che i principi costituzionali presentano di solito un certo grado di elasticità. Elasticità non vuol dire indifferenza a qualsiasi soluzione: la Costituzione gioca pur sempre il suo ruolo di «custodia di confini», ed è per questo che è importante che vi sia qualcuno – un giudice, non una semplice volontà politica di maggioranza – che stabilisce quando i confini sono varcati. Lo «spazio dei diritti» non è così rigidamente delineato, ma c'è, ed è affidato appunto, in ultima istanza, agli organismi chiamati a garantire l'osservanza della Costituzione.

Legge

È forse la parola più ricorrente nel testo costituzionale (in media circa una volta per ogni articolo). Assume anche significati diversi, da uno più generico, equivalente a «norma di diritto», ad uno più specifico, che allude al tipico atto deliberato concordemente dalle due Camere del Parlamento, nell'esercizio appunto della «funzione legislativa» (art. 70), e promulgato dal Presidente della Repubblica. Quasi sempre, la Costituzione enuncia ciò che «la legge» stabilisce, o può disporre, o deve disporre, o ciò che si determina «per legge» o «in base alla legge» o «secondo disposizioni di legge». Vi sono diverse specie di leggi: legge costituzionale, legge dello Stato, legge regionale, senza contare gli atti che in certe condizioni possono essere adottati dal Governo, e che hanno «valore di legge» o «forza di legge» (decreti legislativi, decreti legge: artt. 76, 77, 134), cioè possono sostituirsi legittimamente alle leggi.

Che cosa significa questo continuo riferirsi della Costituzione alla legge?

Quando l'art. 4 della *Dichiarazione dei diritti* del 1789 definisce la «libertà» come possibilità di fare tutto tutto ciò che non nuoce agli altri, esercitando i «diritti naturali di ogni uomo» nei soli limiti necessari per assicurare «agli altri membri della società il godimento degli stessi diritti», aggiunge un'affermazione: «Questi limiti non possono essere determinati che dalla legge», la quale, a sua volta, «non ha il diritto di vietare se non le azioni nocive alla società».

È evidente che qui non si evoca solo una tecnica di produzione del diritto o una procedura. Infatti per la Dichiarazione la legge è «l'espressione della volontà generale», alla cui formazione «tutti i cittadini hanno diritto di concorrere personalmente, o per mezzo dei loro rappresentanti».

L'idea era chiara. La libertà che spetta ai cittadini si esercita nei soli limiti di ciò che, a tutela dei diritti altrui e della società, stabilisce la *volontà generale* espressa dai rappresentanti democraticamente eletti dagli stessi cittadini.

Oggi per noi le cose sono un po' meno chiare, perché la legge ha perso molta della «sacralità» che in quel testo traspare: le decine di migliaia di leggi, approvate anche molto tempo fa, che vietano, ordinano, disciplinano innumerevoli aspetti della vita sociale e dei comportamenti degli individui, spesso ci appaiono più espressione di molteplici interessi particolari che non di una volontà generale; ci sentiamo avvolti da questa fitta rete di vincoli, alla cui formazione facciamo fatica a sentire di avere davvero concorso, sia pure attraverso nostri rappresentanti.

E tuttavia sta di fatto che il nucleo portante di quell'idea, presente nella Costituzione, è ancora valido. Anzitutto, pur di fronte alla molteplicità delle forme che assume il potere pubblico, la Costituzione garantisce quello che chiamiamo «principio di legalità»: le autorità non possono regolare la nostra vita, darci ordini o impartirci divieti, in base alla mera loro volontà, ma solo nelle ipotesi, alle condizioni e nelle forme che le leggi stabiliscono. Fuori dalla legge non c'è il potere; e il potere deve attenersi alle leggi; se non lo fa, è in torto, e io ho diritto di ricorrere ad un'autorità di garanzia – ad un giudice – per far accertare la violazione e riparare il torto. Se mi si chiede una prestazione obbligatoria (ad esempio economica, o di altro genere) ho diritto di verificare che la richiesta trovi fondamento in una legge voluta dal Parlamento («Nessuna prestazione personale o patrimoniale può essere imposta se non in base alla legge»: art. 23). Sul terreno tributario, si attua così l'antico principio, espresso già nella *Magna Charta*, *no taxation without representation*: non ci può essere prelievo coattivo di tributi senza il consenso dei rappresentanti del popolo, cioè del Parlamento.

Inoltre, la Costituzione precisa quali regole o determinazioni autoritative *debbono* necessariamente, per essere valide, essere stabilite da una legge nel loro contenuto, o almeno nel loro contenuto essenziale: e si tratta per lo più delle limitazioni ai diritti di libertà. Posso essere arrestato «nei soli casi e modi previsti dalla legge» (art. 13); posso essere punito solo «in forza di una legge che sia entrata in vigore prima del fatto commesso» (art. 25, secondo comma); uno stampato può essere sequestrato solo «nel caso di delitti, per i quali la legge sulla stampa espressamente lo autorizzi» (art. 21, terzo comma).

In questo senso, la legge è ancora una garanzia: le regole essenziali dell'azione pubblica, e le disposizioni che divengono vincolanti per i cittadini e ne limitano la libertà, devono essere stabilite preventivamente, in modo da essere conoscibili dagli interessati, e debbono essere approvate con procedure formali e prefissate, dalle camere parlamentari (o dalle assemblee regionali) elette dal popolo, o almeno sotto il loro controllo.

Altre volte, la Costituzione *impone* alla legge di adottare certe determinazioni, a tutela dei diritti: così deve stabilire la durata massima della carcerazione preventiva (art. 13, quinto comma), la durata massima della giornata lavorativa (art. 36, secondo comma), il limite minimo di età per il lavoro salariato (art. 37, secondo comma); la legge «determina i programmi e i controlli opportuni perché l'attività economica pubblica e privata possa essere indirizzata e coordinata a fini sociali» (art. 41, terzo comma); e così via.

In ogni caso, le leggi devono conformarsi nei loro contenuti ai principi e alle regole fissati dalla Costituzione. Il rinvio alla legge non è quasi mai «in bianco»: spesso la Costituzione stabilisce precisi limiti e direttive per ciò che la legge potrà o dovrà disporre. Così, non si possono prevedere speciali limitazioni per le associazioni o istituzioni religiose (art. 20); non si possono prevedere forme di autorizzazione o di censura per la stampa (art. 21, secondo comma); nel disciplinare le pene si devono escludere «trattamenti contrari al senso di umanità» e si devono regolare le pene in modo che esse tendano «alla rieducazione del condannato» (art. 27, terzo comma); si deve assicurare ai figli nati fuori del matrimonio «ogni tutela giuridica e sociale, compatibile con i diritti dei membri della famiglia legittima» (art. 30, terzo comma); la legge può limitare il diritto di voto solo per «incapacità civile o per effetto di sentenza penale irrevocabile o nei casi di indegnità morale» specificamente indicati (art. 48, terzo comma). Più in generale, se la Costituzione garantisce un diritto, per esempio di libertà, la legge potrà sì regolarne l'esercizio e i limiti (non c'è diritto senza limiti), ma le limitazioni non potranno essere liberamente decise dal legislatore: potranno essere solo del tipo e del contenuto espressamente previsti dalla stessa Costituzione, o comunque potranno essere solo quelle discendenti dalla necessità di garantire altri diritti o altri interessi pure essi tutelati dalla Costituzione, e dovranno essere modellate in modo da salvaguardare l'equilibrio fra le diverse esigenze (i «bilanciamenti» di cui si è detto sopra).

Ma c'è qualcosa di più. L'autorità pubblica, nel fissare – attraverso la legge – vincoli e prescrizioni in nome e a tutela di diritti di altri o di interessi collettivi, può interferire con i comportamenti dei singoli che hanno un'influenza su questi interessi, ma non può mai pretendere di interferire nel «santuario» più intimo della persona che noi chiamiamo «coscienza». La libertà della coscienza individuale, nella storia degli Stati, si è affermata soprattutto attraverso la rivendicazione della libertà religiosa, di fronte a regimi politici che pretendevano di imporre o di vietare una religione o che mettevano la loro forza coercitiva a servizio di una religione. Vi è cioè un nucleo di libertà della persona assolutamente non comprimibile dalla legge, ed è la libertà dei convincimenti interiori, del «foro interno». Esso deriva dal valore che la Costituzione attribuisce alla persona umana in quanto tale e ai suoi «diritti inviolabili» (art. 2): la «inviolabilità» allude anche a questo. Lo Stato, l'autorità pubblica, può legittimamente condizionare i comportamenti esterni dei singoli, suscettibili di avere conseguenze sugli altri e sulla società, ma non può condizionare le opinioni o le coscienze. Di qui il divieto assoluto di qualsiasi pratica che tenda ad eliminare la «libertà morale», la capacità di autodeterminazione degli individui.

Poi vi sono casi, sia pure eccezionali, in cui la coscienza è presa in considerazione anche in relazione non a semplici opinioni, ma a comportamenti che in via generale sono e possono essere imposti: così la legge ammette l'«obiezione» per ragioni di coscienza al servizio militare obbligatorio in quanto comporti l'uso delle armi (mentre, in generale, la legge non può che essere obbligatoria per tutti i destinatari: la sua violazione obbliga a subirne le conseguenze).

Parimenti, c'è un confine, imposto dal rispetto della persona umana e della sua dignità, che il legislatore e in genere le autorità pubbliche non possono in nessun caso varcare, senza violare la Costituzione, nemmeno in nome dei più rilevanti interessi pubblici. Così, nessuna esigenza di prevenzione o repressione dei delitti può giustificare forme di «violenza fisica e morale sulle persone comunque sottoposte a restrizioni di libertà»: ogni violenza di questo tipo «è punita» (art. 13, quarto comma). Nessuna esigenza di protezione della salute pubblica può autorizzare, nel disporre trattamenti sanitari, a «violare i limiti imposti dal rispetto della persona umana» (art. 32, secondo comma).

I diritti sono dunque garantiti dal loro riconoscimento costituzionale, dalla regola per cui solo la legge può tracciarne i limiti, dal necessario rispetto che la legge deve alle norme e ai divieti costituzionalmente imposti. Se una legge, che disciplina uno degli oggetti presi in considerazione dalla Costituzione, non si conforma ai limiti o alle direttive costituzionali, può essere denunciata davanti alla Corte costituzionale per essere dichiarata incostituzionale, con la conseguenza che non dovrà essere applicata (art. 136).

Legalità e costituzionalità sono i pilastri del sistema di garanzie dei diritti, voluto dalla Costituzione. Questo è lo Stato di diritto, cioè uno Stato in cui tutti i poteri, anche quelli supremi, sono soggetti all'osservanza del diritto, fondato anzitutto sulla legge.

Con questa frase, divenuta proverbiale, si dice che abbia risposto al re di Prussia un contadino, che rivendicava invano il suo diritto: ci sono giudici, a cui potrò sottoporre la mia causa. L'esistenza dei giudici, a cui il cittadino si può rivolgere per avere giustizia, cioè per vedere riconosciuti i suoi diritti, è infatti condizione perché il principio di *legalità* (il potere soggetto alla legge) non rimanga una astrazione. Il giudice è il soggetto cui l'ordinamento affida il compito di garantire il rispetto della legge, quando l'osservanza non sia spontanea o sorga una controversia, e di assicurare l'applicazione delle conseguenze che la legge prevede in caso di sua violazione (così l'applicazione delle pene nel caso di commissione di reati).

La garanzia giudiziaria è al centro del sistema costituzionale dei diritti. «Tutti possono agire in giudizio per la tutela dei propri diritti e interessi legittimi» (art. 24, primo comma: «interessi legittimi sono le posizioni garantite da norme che, direttamente, si rivolgono solo alla pubblica amministrazione per regolarne l'azione, ma della cui inosservanza si possono dolere, davanti al giudice, anche i privati interessati»). Allo stesso modo, chi sia accusato di una illegalità che comporta l'applicazione di sanzioni, dall'imputato di gravi reati fino a chi si veda contestare da un vigile una violazione delle norme sul traffico, ha diritto di difendere la propria innocenza o di dimostrare che la sanzione non gli deve essere applicata, andando davanti ad un giudice, in un procedimento nel quale egli deve avere la possibilità di difendersi: «La difesa è diritto inviolabile in ogni stato e grado del procedimento» (art. 24, secondo comma). La giustizia è uno strumento che deve sempre essere a disposizione di tutti, anche di coloro che non abbiano mezzi economici (ad essi devono essere garantiti comunque «i mezzi per agire e difendersi»: art. 24, terzo comma).

Quando poi è possibile adottare, nei confronti delle persone, misure individuali d'autorità che incidono sulle loro libertà essenziali, l'intervento è riservato ad un'autorità giudiziaria, o al massimo, se è adottato in via d'urgenza da un'altra autorità, deve essere confermato immediatamente da un'autorità giudiziaria: così è per l'arresto, le ispezioni o le perquisizioni personali (art. 13), per le perquisizioni domiciliari (art. 14), per le intercettazioni delle comunicazioni (art. 15), per i sequestri di stampati (art. 21): questo per non lasciare in mano ad autorità diverse, come la polizia, poteri così delicati, nemmeno per il tempo necessario all'interessato per ricorrere al giudice.

Il «diritto al giudice» e alla difesa giudiziaria è dunque a sua volta oggetto di un diritto fondamentale, costituzionalmente garantito, che è strumento e condizione per la tutela di tutti gli altri. Dove c'è un diritto, ci deve essere un giudice a cui ricorrere per ottenerne la tutela. Non c'è situazione in cui il singolo possa essere privato di questa garanzia. Anche chi sta scontando una pena ed è detenuto in carcere, poiché mantiene una serie di diritti in quanto persona, non può essere mai privato della possibilità di una tutela giudiziaria di essi: lo ha chiarito la Corte costituzionale, applicando l'art. 24 della Costituzione, e così ad esempio affermando la possibilità di ricorso dei detenuti contro i provvedimenti che applicano loro regimi carcerari speciali (sentt. n. 349 e n. 410 del 1993) o contro ogni atto dell'amministrazione carceraria che violi un loro diritto (sent. n. 26 del 1999).

A chi sono garantiti i diritti?

La Repubblica riconosce e garantisce i diritti inviolabili «dell'uomo» (art. 2): ma poi, nelle norme della Costituzione sui diversi diritti e doveri, troviamo che talora ci si riferisce, esplicitamente o implicitamente, a «tutti» (artt. 19, 21, 24; implicitamente, artt. 13, 14, 15, 22, 23, 25, 32, 34, 53), talora invece ai «cittadini» o a «tutti i cittadini» (artt. 3, 4, 16, 17, 18, 48, 49, 50, 51, 52, 54): e cittadini, in senso tecnico, sono solo gli individui che possiedono la cittadinanza italiana – cioè coloro che nascono da almeno uno dei genitori cittadino italiano, o nascono in Italia da genitori stranieri che non trasmettono ai figli la loro cittadinanza, o acquistano la cittadinanza in uno dei modi previsti dalla legge – gli altri essendo «stranieri» (art. 10, commi secondo e seguenti) o «apolidi» (senza cittadinanza di alcuno Stato: condizione rara, ma non inesistente).

Mentre i fondamentali diritti umani sono attribuiti a tutti gli esseri umani in quanto tali, alcuni diritti, considerati «politici», sono riservati ai cittadini in quanto membri a pieno titolo del popolo dello Stato. Era così già nella *Dichiarazione dei diritti* del 1789. In via generale, sono riservati ai cittadini i diritti che si estrinsecano nella partecipazione attiva alla vita dello Stato attraverso gli istituti della democrazia diretta o rappresentativa, cioè il diritto di votare e di candidarsi alle elezioni. La Costituzione per la verità parla di cittadini anche a proposito dei diritti di circolazione, di riunione, di associazione, sembrando così assimilarli ai diritti «politici»: ma le dichiarazioni e le convenzioni internazionali sui diritti, fino alla carta di Nizza dell'Unione europea (che riferisce i diritti a «ogni individuo»), considerano invece, giustamente, anche questi ultimi come diritti indipendenti dalla cittadinanza (salvo che per l'associazione in partiti).

Quanto alla celebre formula dell'art. 3 («Tutti i *cittadini* hanno pari dignità sociale e sono eguali davanti alla legge...»), essa ricalca quella tradizionale, e riflette forse anche l'idea che il possesso o meno della cittadinanza introduca un elemento di differenziazione che giustifica diversi regimi legali (ad esempio lo straniero non gode del diritto di entrare incondizionatamente nel territorio nazionale, che invece spetta a tutti i cittadini: art. 16, secondo comma). Ma non significa che il principio di eguaglianza (un altro, come vedremo, dei pilastri portanti dell'edificio costituzionale) valga, di per sé, solo per i cittadini. Al contrario, la Corte costituzionale ha chiarito più volte che vale anche per i non-cittadini, per quanto riguarda il godimento dei diritti che spettano agli individui umani in quanto tali (a loro volta, le dichiarazioni internazionali dei diritti sanciscono espressamente l'eguaglianza di tutti).

Del resto, già abbiamo visto come la «dottrina» dei diritti umani abbia di per sé respiro e orizzonte universalistico: anche la Costituzione della Repubblica italiana sta, pienamente, in questo orizzonte. Esso trova significativa espressione, fra l'altro, in formule costituzionali, come quella dell'art. 10, terzo comma, della nostra Costituzione, che attribuisce «diritto d'asilo», secondo le condizioni stabilite dalla legge, allo straniero a cui «sia impedito nel suo paese l'effettivo esercizio delle libertà democratiche garantite dalla Costituzione italiana».

Ma se, in passato, era essenzialmente negli ordinamenti dei singoli Stati, modellati sulle tradizioni e sulle vedute proprie delle loro specifiche esperienze politiche, che trovavano radice i diritti, pur idealmente pensati come patrimonio di tutti gli uomini, oggi è più evidente che la materia dei diritti umani è «sovrastatale» per definizione. E in prospettiva la barriera delle differenze fra cittadini e non cittadini è destinata ad attenuarsi, se non a cadere: non solo nelle specifiche esperienze sovranazionali, come l'Europa unita, ma, più in generale, con l'infittirsi della collaborazione internazionale e con l'armonizzazione dei sistemi legali in tema di diritti umani.

Eguali?

Nel «vocabolario» della Costituzione, «libertà» e «diritti» si accompagnano strettamente con «eguaglianza» (nella triade famosa dei rivoluzionari francesi – *liberté egalité fraternité* – il terzo elemento potremmo tradurlo con «solidarietà»).

Eguaglianza vuole dire infatti, innanzitutto, eguali diritti e doveri, eguale protezione della legge ed eguale soggezione alla legge. Tra le «verità di per sé evidenti» enunciate in apertura della Dichiarazione di indipendenza americana vi era quella che «gli uomini sono stati creati eguali»; e il primo articolo della *Di-*

chiarazione dei diritti francese del 1789 proclamava: «gli uomini nascono e rimangono liberi ed eguali nei diritti. Le distinzioni non possono fondarsi che sull'utilità comune».

Nel mondo precostituzionale era normale che ciascun individuo godesse di un regime e di un trattamento legale correlato al suo gruppo di nascita e alla sua posizione sociale. Ma molte altre sono le differenze alle quali si collegavano in passato regimi legali diversi, e anche su di esse incide il principio di eguaglianza proclamato dalle Costituzioni e dalle carte dei diritti. Già si è detto della distinzione fra cittadini e stranieri, e dei limiti in cui essa trova ancora fondamento. Ed è facile pensare alla secolare condizione di disuguaglianza legale – non solo sociale – delle donne. Non a caso la Costituzione afferma la pari dignità sociale e l'eguaglianza davanti alla legge «senza distinzione di sesso» (art. 3); l'eguale diritto di voto di «tutti i cittadini, uomini e donne» (art. 48, primo comma); il diritto di «tutti i cittadini dell'uno o dell'altro sesso» di accedere agli uffici pubblici e alle cariche elettive «in condizioni di eguaglianza» (art. 51, primo comma); la parità di diritti e, a parità di lavoro, la parità di retribuzione della donna lavoratrice (art. 37); «l'eguaglianza morale e giuridica dei coniugi», con i (soli) limiti stabiliti dalla legge «a garanzia dell'unità familiare», come principio ordinatore del matrimonio (art. 29, secondo comma).

L'eguaglianza «senza distinzione [...] di razza» (art. 3, primo comma) riecheggia, per contrapposizione, le leggi razziali del 1938 che avevano introdotto pesanti discriminazioni a sfavore degli ebrei (che non sono, peraltro, una «razza»!). Per secoli l'appartenenza religiosa (com'è tuttora in certi ordinamenti) era accompagnata da differenze nel regime legale, in genere con posizioni privilegiate per gli appartenenti alla religione ufficiale o maggioritaria: per questo la Costituzione sancisce l'eguaglianza «senza distinzione [...] di religione» (art. 3, primo comma), e ribadisce che tutte le confessioni religiose sono «egualmente libere davanti alla legge» (art. 8, primo comma). L'assenza del pluralismo politico, che aveva caratterizzato il fascismo, implicava discriminazioni dipendenti dalla posizione politica dell'individuo: per l'art. 3 tutti i cittadini sono eguali «senza distinzioni [...] di opinioni politiche», come pure – con clausola generale di ampio significato – «senza distinzione [...] di condizioni personali e sociali».

Le varie specificazioni (senza distinzione di...) nascono dalla volontà di impedire il perpetuarsi di storiche discriminazioni: ma non esauriscono la portata del principio di eguaglianza, inteso come divieto di discriminazioni ingiustificate tra le persone.

Questo significa che la Costituzione esclude e avversa il riconoscimento di ogni differenza, almeno dal punto di vista del diritto? No di certo: ci sono differenze che anzi chiedono di essere riconosciute ed esigono regole a loro volta differenziate. Ad esempio, la stessa Costituzione richiede che la Repubblica tuteli «con apposite norme le minoranze linguistiche» (art. 6), norme che ben possono e spesso debbono essere speciali rispetto a quelle che riguardano la generalità dei cittadini. Gli artt. 7 e 8 prevedono che i rapporti dello Stato con le diverse confessioni religiose siano regolati in base ad accordi specifici con ciascuna di esse, che comportano evidentemente la possibilità di riconoscere anche ai fini legali le relative specificità. Ma anche altre differenze non contrastano con il principio di eguaglianza. Ad esempio, in tema di lavoro dipendente, il principio costituzionale è quello della retribuzione in ogni caso sufficiente a garantire al lavoratore e alla sua famiglia «un'esistenza libera e dignitosa», ma per il resto «proporzionata alla quantità e qualità del suo lavoro» (art. 36, primo comma). In materia di obblighi tributari, non solo il contributo di ciascuno deve essere proporzionato alla rispettiva «capacità contributiva» (art. 53, primo comma), ma il sistema fiscale deve essere «informato a criteri di progressività» (art. 53, secondo comma), per cui chi più ha deve dare una quota più elevata della sua ricchezza.

In generale, le leggi regolano le più diverse situazioni della vita tenendo conto anche delle differenze esistenti. Quale sia il confine fra discriminazioni vietate e legittime differenze di disciplina non è sempre facile stabilire. È per questo che il principio costituzionale di eguaglianza è il grande protagonista di molta parte delle controversie sulla costituzionalità delle leggi. Esso è stato formulato dalla giurisprudenza nel senso che impone un trattamento eguale per situazioni eguali, e un trattamento diverso per situazioni diverse, il cui «appiattimento» nell'ambito della stessa regola può dunque essere altrettanto in contrasto con il principio di eguaglianza quanto una differenziazione ingiustificata di situazioni eguali. Ma dire quando le situazioni sono «eguali» o «diverse», e come diverse discipline siano o meno adatte a regolarle, può richiedere giudizi controversi e valutazioni opinabili.

A parte il divieto di discriminazioni «storiche» quali quelle prese espressamente in considerazione dall'art. 3, l'uso prevalente che la giurisprudenza fa del principio di eguaglianza è nel senso di consentire al legislatore di apprezzare, secondo i propri fini politici, le situazioni che esso regola, dettando regimi volta a volta uniformi o differenziati; ma assoggettando le scelte del legislatore al controllo del giudice costituzionale per verificare che esse non risultino «irragionevoli», vuoi nel senso di una ingiustificata discriminazione fra situazioni eguali, vuoi in quello di una ingiustificata parificazione di situazioni diverse.

Il delicato equilibrio fra scelte politiche del legislatore, che adatta il contenuto delle leggi ai propri legittimi fini, e controllo di «ragionevolezza» (o meglio, di «non irragionevolezza») da parte del giudice costituzionale ricalca il confine fra libertà del legislatore, espressione democratica della maggioranza, e limiti derivanti dalla Costituzione alla libertà del legislatore. È evidente che, dato il carattere alquanto indeterminato di un criterio come quello della «ragionevolezza», il controllo deve ispirarsi a grande prudenza: le scelte del legislatore possono essere censurate, sotto questo profilo, solo quando palesemente contrastino con quello che potrebbe definirsi un «senso di giustizia» generalmente apprezzabile, o appaiano indifendibili perché prive di ogni plausibile giustificazione.

Eguaglianza «sostanziale»

La Costituzione non si accontenta di vietare le discriminazioni indebite. Sa che le posizioni e le possibilità degli individui e dei gruppi sono spesso «materialmente» diverse, indipendentemente dal trattamento legale: dipendono dall'età, dallo stato di salute, dall'istruzione, dalla disponibilità di mezzi economici. Sa anche che queste diversità di posizioni e di possibilità, quando superano certi limiti, condizionano in modo tanto pesante la vita degli uomini, da far sì che essi non godano davvero eguali diritti. Il semplice divieto di discriminazioni legali non è sufficiente ad impedire le ineguaglianze «di fatto» che nascono da queste situazioni, e che la dinamica sociale «spontanea» spesso non solo non attenua, ma addirittura tende spesso ad accrescere, almeno in termini relativi.

Una società in cui «tutti» godono gli stessi diritti e adempiono gli stessi doveri è una società che non accetta come inevitabili e immodificabili queste differenze e gli squilibri che ne derivano, ma opera per garantire a tutti, nelle diverse circostanze della vita, almeno le condizioni minime necessarie per lo sviluppo della personalità.

L'art. 3, secondo comma, della Costituzione indica ai poteri pubblici questo «programma d'azione»: «È compito della Repubblica rimuovere gli ostacoli di ordine economico e sociale che, limitando *di fatto* la libertà e l'eguaglianza, impediscono il pieno sviluppo della persona umana e l'*effettiva* partecipazione di tutti i lavoratori all'organizzazione politica, economica e sociale del Paese». L'accento, come si vede, è qui spostato su condizioni materiali, di fatto. Mentre l'eguaglianza «formale», «davanti alla legge», si ottiene vietando discriminazioni non giustificate, l'eguaglianza, come usa dire, «sostanziale» è una condizione tendenziale, che richiede azioni e interventi complessi e anche costosi, attraverso il soddisfacimento dei cosiddetti «diritti sociali» e la garanzia di adempimento da parte di tutti dei «doveri inderogabili di solidarietà politica, economica e sociale» (art. 2).

Sul terreno costituzionale, questo principio è in grado di qualificare e anche di modificare la portata dell'eguaglianza «formale». Le differenze di fatto, in certe circostanze e a certi fini, possono non solo giustificare ma rendere costituzionalmente doverosi da parte della legge trattamenti di favore – che sul piano dell'eguaglianza formale potrebbero apparire illegittimi – in quanto rivolti proprio alla «rimozione» degli ostacoli di ordine economico e sociale che limitano di fatto la libertà e l'eguaglianza.

Così, è pacifico che la legge debba tenere conto della posizione di istituzionale debolezza in cui si trova una parte in rapporti giuridici come quello di lavoro, o come certi rapporti contrattuali in cui il singolo utente o consumatore ha a che fare con una grande e potente organizzazione economica, per dettare regole «di favore» intese a riequilibrare almeno in parte quella posizione di debolezza.

Oppure, la storica posizione di svantaggio in cui le donne si trovano nell'accesso alle cariche pubbliche può giustificare misure legali di favore dirette a colmare tale svantaggio (oggi l'art. 51 della Costituzione, recentemente modificato con legge costituzionale n. 1 del 2003, richiede che la Repubblica promuova in questo campo le «pari opportunità fra donne e uomini»; e la Corte costituzionale ha riconosciuto che è legittimo, a tal fine, prevedere norme speciali in sede di presentazione delle candidature elettorali: sent. n. 49 del 2003).

Lavoro ed economia nella Costituzione

A differenza di quanto avveniva nelle Costituzioni più antiche, che si limitavano in genere ad affermare l'inviolabilità della proprietà, a sottoporre alla legge il prelievo tributario e a garantire il debito pubblico, la nostra, come tutte le Costituzioni successive alla Prima guerra mondiale, dedica molta attenzione all'economia, confermando la garanzia delle libertà economiche, ma accentuando le limitazioni che a queste derivano dalla necessità di realizzare fini di giustizia sociale. È quella che oggi si chiama l'«economia sociale di mercato», basata cioè sulla libertà del mercato, ma di un mercato corretto e indirizzato a «fini sociali».

Di qui il principio per cui l'iniziativa economica privata «non può svolgersi in contrasto con l'utilità sociale o in modo da recare danno alla sicurezza, alla libertà, alla dignità umana» (art. 41, secondo comma); e la previsione di leggi che realizzino un coordinamento dell'attività economica (art. 41, terzo comma), che regolino la proprietà, in particolare la proprietà terriera, assicurandone «la funzione sociale» (art. 42, secondo comma; art. 44, primo comma), che disciplinino in modo speciale le imprese di servizi pubblici o a carattere monopolistico (art. 43); e anche le norme costituzionali di favore per la piccola proprietà diffusa e la cooperazione (artt. 44, 45, 47).

Né va dimenticata la norma, che la Costituzione colloca fra i «rapporti politici», che sancisce il dovere di tutti di concorrere alla spesa pubblica in ragione della rispettiva «capacità contributiva», in un sistema tributario informato a «criteri di progressività» (art. 53): norma che prefigura da un lato lo strumento attraverso cui lo Stato può procurarsi le risorse necessarie per soddisfare i diritti sociali, dall'altro un mezzo, forse il più efficace, di redistribuzione della ricchezza in funzione dell'eguaglianza anche «sostanziale».

Nel campo economico il valore costituzionale essenziale è quello del lavoro: tanto che, fin dall'art. 1, si dichiara la Repubblica italiana «fondata sul lavoro». Si può leggere qui il riferimento alla storia della «questione sociale» che per tutto l'Ottocento e con maggior forza nella prima metà del Novecento si era imposta come questione «costituzionale» in tutti i paesi democratici. Non Repubblica «di lavoratori», come era stato proposto, con espressione che avrebbe potuto assumere un significato «classista», quasi ad escludere altre categorie di cittadini dalla pienezza di partecipazione alla vita collettiva. Nemmeno, questa formula, vuol dire che il lavoro in quanto tale sia l'aspetto o il valore preminente nella società e nel sistema costituzionale (dovremmo invece parlare del valore preminente della persona in quanto tale). Il «fondamento» sul lavoro sta ad indicare il valore che la Repubblica attribuisce all'apporto del lavoro di ciascuno – inteso nel senso più ampio, secondo le proprie capacità e le proprie scelte (come dice l'art. 4, secondo comma, nel sancire il dovere del lavoro) – in luogo di altri fattori in passato dominanti, come la nobiltà di nascita o la ricchezza, ai fini del ruolo sociale dell'individuo.

Analogamente, non deve trarre in inganno il riferimento dell'art. 3, secondo comma, ai «lavoratori». Questa non è una norma che riguardi solo le condizioni di lavoro o quelle di una classe sociale: il riferimento ai lavoratori nasce dalla consapevolezza che, nella storia del mondo occidentale e dell'Italia, la «questione sociale» e il delinearsi di classi sociali contrapposte, di cui una, quella appunto dei lavoratori, partiva da condizioni storiche di svantaggio, è stata determinante: nei «lavoratori» si identificano per antonomasia le persone che si trovano, dal punto di vista economico e sociale, in posizione di maggiore debolezza, e nei cui confronti quindi con maggiore forza si pone l'esigenza di realizzare l'eguaglianza «sostanziale».

Al lavoro come fattore e fenomeno economico la Costituzione dedica speciale attenzione, a partire dall'affermazione per cui «la Repubblica tutela il lavoro in tutte le sue forme ed applicazioni» (art. 35; e poi si vedano gli artt. 36, 37, 38, 39, 40, ma anche, per aspetti particolari di garanzia, art. 51, terzo comma; art. 52, secondo comma).

Oggi accade frequentemente di sentire affermare che le norme della Costituzione in materia di economia sono superate, o addirittura rese inapplicabili e sostituite dalle nuove regole economiche derivanti dall'adesione dell'Italia all'Unione europea: mercato unico, libertà di circolazione delle persone, delle merci e dei capitali, libera prestazione dei servizi, tutela della concorrenza, divieto, in generale, degli «aiuti di Stato» alle imprese.

Che il linguaggio della Costituzione rifletta per taluni aspetti una realtà economica diversa da quella di oggi, è ovvio: né i progressi tecnologici, né la «terziarizzazione» dell'economia, né i vari fenomeni connessi alla cosiddetta globalizzazione, potevano essere presenti ai redattori di quelle norme. Ma ciò non significa affatto che i principi in essa espressi siano obsoleti. Il nucleo portante della Costituzione economica, e cioè la connessione e l'equilibrio fra libertà di intrapresa e regolazione e controllo pubblici in funzione di tutela di altri diritti e di coordinamento del sistema economico a fini sociali, mantiene piena attualità, anche se può trovare diverse espressioni.

Non ci si deve far fuorviare dalla considerazione dei diversi indirizzi politici, più o meno attuali e più o meno controversi, che nel vigore della Costituzione hanno potuto affermarsi, e sui quali i vincoli recati dalle regole comunitarie europee hanno avuto e hanno, com'è evidente, grande influenza. La Costituzione non contiene un programma definito di politica economica. Essa stabilisce i grandi principi, i grandi obiettivi, che la politica economica deve comunque salvaguardare e promuovere: la politica nazionale e anche sovranazionale, poiché non sono principi e obiettivi diversi da quelli che si ricavano dalle Costituzioni degli altri Stati europei e che quindi informano necessariamente anche l'azione dell'Unione europea.

Vale sempre l'idea che, in materia di diritti (e anche la Costituzione economica fa parte di questa materia) rispetto alle conquiste del costituzionalismo contemporaneo, espresse in principi tendenzialmente stabili e universali, non si torna indietro, ma semmai si va avanti.

Del resto i principi costituzionali, così come interpretati e applicati dalle Corti, non hanno ostacolato né ostacolano scelte innovative nel campo dell'economia, né nel senso di un maggiore interventismo pubblico, né nel senso opposto di una riduzione, quando e nei settori in cui è stata o è ritenuta necessaria, della presenza dei poteri pubblici.

5. *Le parole chiave della Costituzione: democrazia e garanzie*

Democrazia rappresentativa e democrazia diretta

«La sovranità appartiene al popolo, che la esercita nelle forme e nei limiti della Costituzione», recita l'art. 1 della Costituzione.

Quali sono le forme costituzionali in cui si esercita la sovranità del popolo? Questa entità collettiva è composta da tutti gli individui che, nello Stato, hanno la capacità di partecipare alle deliberazioni comuni (oggi le condizioni fondamentali sono, da noi, quelle di essere cittadini italiani, di essere maggiorenni e di essere capaci di intendere e di volere). Il popolo, dunque – potremmo dire – è l'assemblea dei cittadini che godono dei diritti politici. Ma come fa un'assemblea di oltre 45 milioni di individui a deliberare qualcosa?

Questo è il grande problema della organizzazione della democrazia. Il sistema più usato è quello «rappresentativo»: i poteri di decisione vengono attribuiti ad uno o più organi formati per elezione da parte dei cittadini, e che, appunto, rappresentano questi adottando deliberazioni in loro nome. Si tratta per lo più di assemblee, e il termine più frequente è quello di «Parlamento». La presenza di un Parlamento, o comunque di uno o più organi di questo genere, è una costante in tutte le Costituzioni contemporanee.

La cosiddetta rappresentanza politica è però più una formula ideologica che una realtà aderente al nome. I giuristi e gli scienziati politici hanno fatto ricorso ad un concetto ben noto al diritto: se io incarico un'altra persona di agire a mio nome e per mio conto, nel gestire un mio interesse (per esempio di vendere un bene di mia proprietà, di stipulare un contratto vincolante nei miei confronti, e così via), quel che farà il mio «rappresentante» produce effetti (giuridici) direttamente a mio favore e a mio carico, come se avessi agito io direttamente. Perciò normalmente il «rappresentato» dà delle istruzioni più o meno precise al «rappresentante», che dovrà seguirle, a pena di invalidità degli atti da lui compiuti fuori dai poteri che gli erano stati conferiti, e comunque a pena di responsabilità nei confronti del rappresentato se ha agito senza rimanere fedele al mandato. I rappresentanti politici – quali sono i membri delle assemblee parlamentari eletti dai cittadini – hanno invece dei poteri fissati direttamente dalla Costituzione e dalle leggi; chi li elegge, o meglio concorre ad eleggerli (poiché normalmente l'elezione avviene da parte di un numero ampio di cittadini elettori), può scegliere il rappresentante che preferisce, tra quelli che si candidano a ricoprire la carica, ma non può esprimere alcun mandato né dare alcuna istruzione per l'esercizio di quei poteri. Anzi, la regola tradizionale nei sistemi rappresentativi è proprio quella, opposta, del cosiddetto «divieto di mandato imperativo»: ogni eventuale pretesa di altri soggetti di vincolare giuridicamente la volontà dell'eletto sarebbe nulla. L'art. 67 della Costituzione riprende questa regola tradizionale stabilendo che «ogni membro del Parlamento rappresenta la Nazione» (si badi, la Nazione, nemmeno il popolo) «ed esercita la sue funzioni senza vincolo di mandato». In definitiva, il popolo è uno strano sovrano: si limita a scegliere coloro che eserciteranno il potere, senza poterli legalmente indirizzare. Per di più, questo popolo «sovrano solo ogni cinque anni» – come è stato detto – compie le sue scelte elettorali avendo ben scarse possibilità di discutere preventivamente con i futuri eletti (anche se gli elettori ascoltano molti discorsi e molte promesse): il popolo è perlopiù, anche quando decide, un «sovrano muto».

Anche la cosiddetta «responsabilità politica» che, si dice, fa carico agli eletti nei confronti degli elettori, e che si manifesterebbe nel fatto che alle successive elezioni gli elettori possono non rinnovare il mandato agli eletti la cui attività, nel corso del mandato scaduto, non sia stata per loro soddisfacente, è più un'immagine che una realtà (ancora una volta si ricorre ad un concetto giuridico, quello di responsabilità, applicandolo ad una realtà diversa). A parte il fatto che l'eletto può non presentarsi per chiedere la rielezione – e anzi vi sono casi nei quali la legge vieta di concorrere per un nuovo mandato, per evitare forme di «cristallizzazione» del potere, come accade negli Stati Uniti per il presidente dopo due mandati, e da noi per il sindaco nei Comuni e per il presidente della Provincia, dopo due mandati – la rielezione o meno del singolo può in fatto dipendere da molteplici fattori che hanno poco a che vedere col modo in cui l'eletto aveva esplicato il precedente mandato; e comunque non c'è modo di farne risultare ufficialmente i motivi.

Il sistema rappresentativo deve quindi più realisticamente essere definito come un sistema nel quale gli organi o certi organi fondamentali sono formati per elezione da parte dei cittadini, con un mandato elettorale limitato nel tempo, così che si possa presumere ragionevolmente che la composizione e quindi l'orientamento di essi sia abbastanza corrispondente agli orientamenti fondamentali dell'elettorato o della sua maggioranza. Il nesso, poi, fra orientamenti, atteggiamenti e interessi degli elettori, da un lato, indirizzi e scelte degli organi elettivi dall'altro, viene mantenuto, o tende ad essere mantenuto, da strutture sociali collettive come i partiti politici, che competono fra loro per il consenso elettorale, e talora appaiono come i veri destinatari del consenso e del «mandato» degli elettori, nonché dall'influenza che sulle scelte degli eletti può esercitare la società attraverso le sue varie forme di organizzazione e attraverso la libera discussione che forma la cosiddetta pubblica opinione (con un ruolo preminente svolto dai mezzi di comunicazione).

In ogni caso, elementi rilevanti dei sistemi democratici sono l'unicità o la pluralità degli organi elettivi, l'ampiezza della loro composizione, la stabilità e la durata del «mandato» elettorale, i congegni attraverso cui si determina, in base ai voti espressi, l'esito dell'elezione (a quest'ultimo compito provvede la legislazione elettorale).

La nostra Costituzione ha scelto, come la maggioranza degli Stati, un Parlamento «bicamerale», cioè formato da due distinte assemblee, del tutto indipendenti l'una dall'altra, che però operano, quando approvano le leggi e quando danno la fiducia al Governo, in necessario concorso e accordo fra loro (una legge, per venire ad esistenza, deve essere approvata dalle due Camere in un testo identico: se i testi discordano, l'esame della legge prosegue, finché viene varato un unico testo). La presenza di una seconda assemblea si è giustificata, nella storia delle istituzioni parlamentari, con l'esigenza di dare voce autonoma a specifici ceti sociali, o alla rappresentanza di componenti territoriali, come negli Stati a struttura federale, o a forme di rappresentanza non strettamente politica, ma per esempio di ceti professionali; o ancora, quando nessuna di queste esigenze fosse presente o fosse accolta, con l'opportunità di articolare comunque il corpo legislativo, così da ottenere deliberazioni più ponderate (la seconda Camera come «Camera di raffreddamento» o di riflessione).

Il nostro Costituente valutò alcune di queste possibilità, ma alla fine scelse di dar vita a due Camere entrambe elette a suffragio universale (salva la modesta quota di senatori non elettivi), e dotate degli stessi poteri. I critici non hanno mancato di osservare che così si è realizzata una sorta di doppione della Camera, con l'effetto di rendere più lunghi i procedimenti deliberativi: e ciò tanto più dopo che (nel 1963) si portò a cinque anni, dai sei originariamente previsti, la durata in carica dei senatori, propiziando la contemporaneità dell'elezione delle due Camere, e anche tenendo conto della limitata incidenza dei criteri più restrittivi stabiliti per l'elettorato al Senato (votano solo gli elettori ultraventicinquenni, e possono essere eletti solo gli ultraquarantenni) e della pratica somiglianza dei due sistemi elettorali.

Tuttavia anche le più diffuse proposte di riforma non si muovono nella direzione dell'unicameralismo, ma, semmai, in quella della differenziazione dei poteri delle due Camere, o, più recentemente, in quella della trasformazione del Senato in assemblea rappresentativa delle diverse realtà territoriali del paese (con poteri differenziati rispetto alla Camera).

Gli elettori non possono revocare i parlamentari, una volta eletti (anche in questo senso è improprio parlare di vera rappresentanza), ma le Camere, o anche una sola di esse, possono essere sciolte prima della scadenza del mandato quinquennale, per decisione del Presidente della Repubblica (art. 88), quando sussistano motivi che inducono a sollecitare una nuova espressione della volontà elettorale. Questi motivi sono apprezzati discrezionalmente dal Capo dello Stato, e dal presidente del Consiglio che è chiamato a controfirmare il decreto di scioglimento: dopo l'avvento di sistemi elettorali maggioritari, si è discusso se lo scioglimento non debba seguire necessariamente, quanto meno di norma, quando venga meno la maggioranza che aveva ricevuto una investitura dal voto. In ogni caso, lo scioglimento diventa una soluzione obbligata quando si dissolve la maggioranza esistente, e non se ne forma una alternativa.

Quanto ai sistemi elettorali, invece, la Costituzione non pone alcun vincolo: la scelta è rimessa alle leggi ordinarie. I *sistemi proporzionali* (in Italia adottati fino al 1993) tendono a realizzare una composizione dell'assemblea che riflette e «fotografa» i diversi orientamenti dell'elettorato, consentendo che essi si confrontino in Parlamento con una consistenza approssimativamente corrispondente alla quota di voti ricevuta. I *sistemi maggioritari* tendono invece a favorire un'espressione del voto che dia luogo ad una netta designazione del partito o della coalizione destinati a governare come maggioranza, ma in genere consentendo anche una più o meno ampia presenza parlamentare dei gruppi di minoranza. Infatti la dialettica fra maggioranza e opposizione parlamentare realizza e in un certo senso sostituisce quella discussione fra gli elettori che di fatto può aversi solo in forme molto limitate e approssimative. I sistemi adottati nel 1993 per l'elezione di entrambe le Camere erano fondati sull'elezione di tre quarti dei membri dell'assemblea in collegi in cui si eleggeva un solo rappresentante, nella persona del candidato che otteneva più voti nel collegio, anche se meno del 50% (perciò si parlava di sistema maggioritario a collegi uninominali), e di un quarto dei membri sulla base di un sistema proporzionale, con ripartizione dei seggi fra i gruppi politici concorrenti. Nel 2005 il sistema è stato radicalmente cambiato con una legge voluta dalla allora maggioranza di governo di centro-destra. In entrambe le Camere gli elettori sono chiamati solo a scegliere una lista; le varie liste possono però preventivamente riunirsi in coalizioni, e la coalizione (o la singola lista) che riceve più voti ottiene un «premio di maggioranza», cioè un numero minimo di seggi pari a circa il 55% dei seggi; alla Camera il premio è attribuito sulla base dei risultati nazionali, al Senato in ogni Regione sulla base dei rispettivi risultati. Nell'ambito del numero di seggi rispettivamente attribuiti alla maggioranza e alle altre liste, ciascuna lista ottiene seggi in proporzione ai voti ricevuti, purché questi superino una soglia minima («soglia di sbarramento») che va dal 2 all'8% a seconda dei casi (ma tale soglia è più bassa o addirittura scompare per le liste che si sono coalizzate). Questa ultima legge, assai criticata, tende ad «irrigidire» i confini della maggioranza di governo, e non solo non scoraggia, ma anzi incentiva quella che oggi appare una caratteristica negativa del nostro sistema politico, cioè l'eccessiva frammentazione del panorama dei gruppi politici e il relativo potere di «ricatto» in Parlamento.

Una recente riforma costituzionale (leggi costituzionali n. 1 del 2000 e n. 1 del 2001) ha stabilito che una parte del Parlamento (dodici deputati e sei senatori) siano eletti dagli italiani residenti all'estero, e a tal fine ha previsto l'istituzione di un'apposita «circoscrizione estero» ai fini elettorali. È una misura che intende rendere «effettivo» per questi cittadini (che già avevano, per Costituzione, il diritto di voto) l'esercizio del diritto elettorale: motivo di perplessità è però che, invece di facilitare eventualmente (per esempio mediante il voto per posta) la partecipazione all'elezione dell'unico Parlamento, si sia creata una sorta di «rappresentanza separata» dei residenti all'estero. Si è andati così in una direzione diversa da quella suggerita dalla considerazione che, nelle società di oggi, il legame col territorio dato dalla residenza stabile in un territorio tende ad apparire altrettanto importante se non più importante, ai fini della partecipazione politica, del legame di «sangue» dato dalla cittadinanza (di qui anche il problema del riconoscimento del diritto di voto agli stranieri residenti da tempo in Italia).

La nostra Costituzione non ha seguito l'idea radicale della concentrazione del potere nell'assemblea dei rappresentanti del popolo e nel Governo espresso dalla maggioranza. Anzi è partita da una certa diffidenza nei confronti di qualsiasi eccessiva concentrazione del potere, sia pure in un'assemblea elettiva, e quindi ha predisposto congegni di suddivisione e di articolazione dei poteri (due Camere, un Presidente della Repubblica «garante», un potere giudiziario indipendente, una Corte costituzionale abilitata ad annullare anche gli atti del Parlamento, una forte articolazione regionale del potere politico, legislativo e amministrativo). In questa stessa linea, ha previsto pure la possibilità che il corpo elettorale si esprima direttamente, con referendum, anche contraddicendo le deliberazioni del Parlamento. Infatti, a parte il referendum sulle leggi costituzionali nella cui approvazione finale non si sia raggiunta la maggioranza dei due terzi (art. 138), è previsto che, su richiesta di cinquecentomila elettori o di cinque consigli regionali, si svolgano referendum per l'abrogazione, totale o parziale, di atti legislativi in vigore (art. 75). Alla democrazia rappresentativa può accompagnarsi dunque anche una forma, sia pure limitata, di *democrazia diretta*. Limitata, perché il popolo può solo abrogare una legge, non introdurla; perché il referendum può solo dire «sì» o «no» alla proposta di abrogazione formulata dai richiedenti, senza poterla modificare;

perché non tutte le leggi possono essere abrogate con referendum, essendone escluse, oltre che le categorie di leggi espressamente elencate nell'art. 75, secondo comma (tributi, bilanci, trattati internazionali, amnistia e indulto), le leggi costituzionali o comunque vincolate nel contenuto dalla Costituzione, o che la Costituzione stessa sottopone a condizioni particolari per la loro modifica.

Pur in questi limiti, tuttavia, il referendum introduce un elemento rilevante nel processo democratico. L'esperienza ha dimostrato che – almeno fino a quando un certo eccesso nel ricorso allo strumento non ha prodotto una disaffezione dell'elettorato, la cui maggioranza ha disertato varie volte le urne – i referendum hanno costituito fattori potenti di spinta verso innovazioni legislative o di consolidamento di scelte legislative (si pensi, da un lato, al referendum che ha propiziato la riforma delle leggi elettorali nel 1993; dall'altro, alla conferma referendaria della legge sul divorzio nel 1974).

Governo parlamentare

Quando l'Assemblea costituente si trovò a scegliere il tipo di organizzazione dei poteri da adottare nella Costituzione, la storia le forniva essenzialmente due modelli: quello *presidenziale* degli Stati Uniti, con un presidente e un Parlamento eletti separatamente e reciprocamente indipendenti nell'esercizio dei rispettivi poteri; e quello *parlamentare*, tradizionale in Europa, in cui il potere esecutivo spetta ad un Governo nominato dal Capo dello Stato ma che deve godere la fiducia del Parlamento (un terzo modello, cosiddetto *direttoriale*, tipico della Svizzera, con un Governo collegiale eletto dal Parlamento, fu subito scartato). La forza della tradizione, e il timore che un regime presidenziale potesse degenerare in autoritarismo, indussero tutte le maggiori forze presenti in assemblea a scegliere il sistema parlamentare. Si era ben consapevoli che questo, nelle esperienze europee, aveva mostrato anche i rischi della instabilità governativa, per il comporsi e lo scomporsi di variabili maggioranze in Parlamento, ma si ritenne che il modello non dovesse essere abbandonato, bensì corretto con opportune misure volte «a tutelare le esigenze di stabilità dell'azione di governo e ad evitare le degenerazioni del parlamentarismo». A questo fine si stabilì che il Governo, una volta formato, deve ottenere un esplicito voto di fiducia in entrambe le Camere, espresso su una mozione motivata, che dia cioè conto delle ragioni della fiducia, e votata per appello nominale, cioè con la pubblica enunciazione del voto da parte dei singoli parlamentari, per evitare manovre sottobanco. Una volta ottenuta la fiducia, il Governo ha diritto di restare in carica, anche se qualche sua proposta viene respinta dal Parlamento, fino a quando non sia costretto alle dimissioni da un voto esplicito di sfiducia, egualmente motivato ed espresso con le stesse modalità, su una mozione presentata da almeno un decimo dei parlamentari e messa ai voti non prima di tre giorni, per evitare «colpi di mano».

Queste regole costituzionali, enunciate nell'art. 94, non sono bastate e non bastano, evidentemente, ad assicurare la formazione di maggioranze e di Governi stabili e autorevoli, dipendendo questo essenzialmente dalla configurazione del «sistema politico», cioè dal numero e dal carattere dei partiti e gruppi che concorrono per il consenso elettorale e dai rapporti ed accordi fra di loro. La riprova si ha dal fatto che sistemi di governo parlamentare analoghi funzionano in modo assai diverso in paesi diversi, dove diversi sono i sistemi politici (si pensi da un lato alla Gran Bretagna, primo modello di governo parlamentare, ove nella Camera sono presenti quasi solo due partiti normalmente compatti, dall'altro lato a esperienze come quella italiana, con un forte frazionamento e una accentuata conflittualità dei gruppi in parlamento, e difficoltà a formare coalizioni coese e stabili).

La fondamentale differenza fra governo presidenziale e governo parlamentare è che, col primo, maggioranza parlamentare e Governo costituiscono due centri di indirizzo e di decisione reciprocamente autonomi, e quindi più facilmente in contrasto fra di loro, mentre col secondo essi non solo non si contrappongono ma sono espressione dello stesso indirizzo politico (perché il Governo è appunto espresso dalla maggioranza parlamentare). Nel governo presidenziale prevale la divisione dei poteri fra esecutivo e legislativo, nel governo parlamentare il coordinamento fra i due poteri, politicamente omogenei. Poiché nella politica di oggi governare implica largamente la necessità di fare leggi, il coordinamento tipico dei governi parlamentari rende più facile governare. Per converso l'esecutivo, in questo sistema, non ha una sua legittimazione politica autonoma, ma la sua autorità dipende dal fatto che esso esprime la maggioranza parlamentare, e dura finché la esprime, cade quando questo appoggio cessa.

In sintesi, nel nostro sistema, il Governo è espressione della maggioranza parlamentare, e *dipende* dalla fiducia di questa: ma contemporaneamente esso *dirige* la maggioranza, svolgendo in Parlamento un ruolo determinante sia nella scelta degli argomenti su cui legiferare (l'ordine del giorno) sia nella determinazione del contenuto della legislazione, fino alla massima forma di pressione consistente nel vincolare la sopravvivenza del Governo stesso all'approvazione parlamentare delle sue proposte, attraverso la cosiddetta questione di fiducia. Il Governo dunque, come è stato detto, è il «comitato esecutivo» e insieme il «comitato direttivo» della maggioranza. Finché la maggioranza non si dissolve, o non decide di togliere la fiducia al Governo, l'azione di questo sa di poter contare, in linea di principio, sull'appoggio del Parlamento.

Si aggiunga che, nella tradizione dei governi parlamentari, i membri del Governo sono tratti dalle fila del Parlamento, scelti anzi fra le personalità politiche più autorevoli presenti nelle Camere. Al contrario, nei sistemi presidenziali i membri del Governo non sono e non possono essere membri delle Camere (anche in questo prevale un criterio di separazione fra i due poteri). La nostra Costituzione non pone alcun vincolo in materia:

i membri del Governo possono essere, e anzi per molto tempo sono stati quasi esclusivamente, membri del Parlamento. Negli anni Novanta la prassi è cambiata, abbiamo avuto molti ministri non parlamentari, e ad un certo punto (con i Governi Ciampi e Dini, 1993-1996) addirittura presidenti del Consiglio non eletti in Parlamento (ma che, naturalmente, presiedevano Governi investiti della fiducia delle Camere). Oggi si è tornati a Governi presieduti da leader eletti in Parlamento, ma non è così per vari membri del Governo, ministri, viceministri e sottosegretari.

Oggi si discute molto di sistemi ibridi o misti (come il cosiddetto semipresidenzialismo inaugurato in Francia con la Costituzione del 1958). C'è chi vorrebbe abbinare i vantaggi del presidenzialismo (legittimazione diretta del capo dell'esecutivo) con quelli del parlamentarismo (omogeneità politica fra Governo e maggioranza parlamentare): ma ciò comporterebbe un netto squilibrio del sistema nel senso dell'accentramento massimo di poteri nell'esecutivo e nel suo capo, con tutti gli inconvenienti e i rischi legati alla perdita o all'attenuazione dei fattori di controllo e di contrappeso (i *checks and balances*) nel sistema costituzionale.

Il sistema parlamentare scelto dal Costituente italiano presenta caratteri di massima flessibilità: è in grado di funzionare in modi assai diversi, in presenza di sistemi politici diversi. L'unica regola ineludibile è quella per cui il Governo deve essere appoggiato da una maggioranza in Parlamento (larga o ristretta, o perfino inferiore alla metà più uno dei parlamentari, se una parte di essi si astiene); le Camere durano in carica cinque anni ma possono essere sciolte anticipatamente se non c'è una maggioranza in grado di governare; il Governo dura in carica fino a quando è sorretto da una maggioranza parlamentare; al venir meno della maggioranza può corrispondere il formarsi di una maggioranza diversa nelle stesse Camere, ovvero lo scioglimento delle Camere e l'indizione di nuove elezioni.

È chiaro come sia importante, dunque, il modo di formazione delle Camere, cioè il sistema elettorale. Cambiando quest'ultimo, possono derivarne effetti sul modo di formarsi e di operare dei gruppi politici che si presentano alle elezioni e che articolano il Parlamento.

Non a caso la nostra Costituzione, come si è notato, non vincola per nulla la scelta dei sistemi elettorali. Per 45 anni abbiamo avuto leggi elettorali ispirate al criterio proporzionale, che assicura una più fedele rappresentazione nel Parlamento delle divisioni e degli orientamenti presenti nel paese, ma può rendere più faticosa e difficile la formazione di maggioranze in grado di esprimere Governi stabili e coerenti. La situazione di «blocco» in cui sembrava essere caduto il sistema politico verso la fine degli anni Ottanta convinse molti, in quel periodo, a promuovere l'abbandono del proporzionalismo e il passaggio a sistemi elettorali prevalentemente maggioritari, come è avvenuto con il referendum e le nuove leggi elettorali del 1993. Il cambiamento dei sistemi elettorali, coinciso temporalmente con una profonda crisi dei partiti fino ad allora dominanti, dovuta a diversi noti fattori, ha condotto ad una situazione largamente nuova, i cui vantaggi ed inconvenienti sono quelli che abbiamo avuto sotto gli occhi in questi anni. Si sono formati due schieramenti, peraltro compositi al loro interno, che tendono ad esaurire il panorama delle forze politiche, e competono fra loro per ottenere la maggioranza in Parlamento, ieri presentando per lo più candidature comuni nei collegi uninominali, oggi collegando le liste in coalizioni «preventive», e quindi chiedono consenso per governare per l'intera legislatura, esprimendo fin dal momento elettorale indirizzi, accordi e leadership contrapposte.

Le regole fondamentali però non sono cambiate: è sempre governo parlamentare, come in passato. Non c'è nessuna «seconda Repubblica»; solo gli effetti e i modi concreti di funzionamento sono cambiati, a conferma della «flessibilità» che caratterizza il sistema di governo adottato dalla Costituzione.

Un Presidente garante

Nel quadro del sistema parlamentare scelto dalla Costituzione, qual è il posto del Presidente della Repubblica?

Anche a questo proposito si deve tenere d'occhio la storia. Il governo parlamentare è un modello nato e sperimentato per molto tempo essenzialmente in ordinamenti monarchici. In essi il re, non più «assoluto», conservava la titolarità formale del potere esecutivo, ma questo era esercitato necessariamente attraverso ministri espressi o appoggiati dalla maggioranza parlamentare. Secondo un celebre detto, «il re regna e non governa».

I regimi repubblicani che sorsero in vari paesi d'Europa non abbandonarono lo schema del governo parlamentare, e alla figura del re sostituirono quella di un presidente eletto, per lo più dal Parlamento, ma talora anche dal popolo, il quale però conservava la figura di Capo dello Stato che «regna e non governa». A lui spettavano i tradizionali poteri regi di nomina dei ministri, di convocazione e scioglimento delle Camere, di firma dei più importanti atti dello Stato, ma non poteri di governo in senso stretto.

Questo è il modello cui si è ispirata anche la nostra Costituzione. Se si scorrono gli articoli della Costituzione, può sembrare a prima vista che il presidente abbia vastissimi poteri: nomina il presidente del Consiglio e (sia pure su proposta di questi) i ministri (art. 92), può sciogliere anticipatamente le Camere (art. 88), promulga le leggi e può rinviarle alle Camere per una nuova deliberazione (art. 74), emana gli atti normativi del Governo, indice le elezioni delle Camere e i referendum, nomina i più alti funzionari dello Stato, ha «il comando delle Forze armate» (art. 87), ecc. Ma si tratta quasi sempre di poteri il cui esercizio non comporta da parte del Capo dello Stato l'assunzione di decisioni politiche di merito, bensì piuttosto l'esercizio di una funzione di controllo, di coordinamento o di consiglio. La nomina del Governo deve rispettare la regola di fondo del sistema parlamentare, per cui il Governo deve avere la fiducia delle Camere; le leggi rinviate, se riapprovate dalle Camere, devono essere promulgate; gli atti del Governo sono firmati dal presidente, ma deliberati dal Consiglio dei ministri (che è presieduto dal premier, non dal presidente) o dai ministri; le elezioni devono essere indette entro termini fissati dalla stessa Costituzione (e la data è scelta dal Governo); le Forze armate sono legate al Capo dello Stato dalla fedeltà istituzionale ma dipendono per l'impiego dal Governo; e così via. Gli atti del Capo dello Stato, secondo la tradizione dei governi parlamentari, sono validi solo quando «controfirmati» dai ministri, che ne «assumono la responsabilità» (art. 89), mentre la responsabilità del Capo dello Stato è limitata alle ipotesi gravissime dell'attentato alla Costituzione o dell'«alto tradimento» (art. 90).

Tutto questo non significa che la Costituzione definisca la figura retorica di un presidente «taglianastri». Il Capo dello Stato, non solo posto in posizione eminente dal punto di vista della dignità formale, ma anche collocato in un punto strategico, all'incrocio fra le massime istituzioni statali, e partecipe, almeno formale, dell'esercizio delle funzioni politiche più importanti, può con il suo consiglio e la sua autorità morale esercitare un ruolo effettivo e rilevante. Di fronte a possibili violazioni della legalità, specie costituzionale, ha poteri di intervento e di veto almeno sospensivo, nel senso che può impedire che un atto abbia corso fino a quando l'organo responsabile non lo abbia espressamente confermato. Inoltre, nei momenti di crisi e di difficoltà, per esempio quando compie delle scelte per la formazione di un nuovo Governo o per lo scioglimento delle Camere in situazioni di incertezza politica, la sua condotta può avviare il sistema politico verso uno o altro sbocco, e quindi può assumere una rilevante influenza anche politica.

In ogni caso il ruolo del presidente non è, prevalentemente, un ruolo di governo e di decisione politica, ma è piuttosto quello di uno «stabilizzatore» e di un garante. Garante del funzionamento dei meccanismi essenziali del governo parlamentare; della legalità e in particolare della legalità costituzionale nell'esercizio delle attività di governo (ma l'ultima parola in tema di legittimità degli atti è piuttosto affidata al potere giudiziario e alla Corte costituzionale); della correttezza dei comportamenti istituzionali.

C'è una bella espressione usata alla Costituente per indicare il ruolo del presidente: «magistrato di persuasione e di influenza» (magistrato, non nel senso di appartenente alla magistratura, ma in quello di carica istituzionale): la sua autorevolezza morale, la sua capacità di collocarsi al di sopra della contrapposizione fra maggioranza e opposizioni, sul terreno dunque schiettamente costituzionale, possono avere, nelle vicende spesso turbolente della politica, un effetto di salvaguardia di valori essenziali della convivenza politica e della collaborazione fra poteri. Naturalmente, trattandosi dell'unica carica schiettamente «monocratica» fra quelle supreme, conta molto la personalità del suo titolare.

La scelta del presidente, che ha un mandato relativamente lungo e non revocabile (sette anni), avviene per elezione da parte delle Camere riunite, integrate per l'occasione dai delegati dei consigli regionali (tre per ogni Regione, uno per la Valle d'Aosta), con voto a scrutinio segreto, che esprime dunque un mandato fiduciario alla persona. La maggioranza richiesta è di due terzi, o della metà più uno dell'assemblea dopo il terzo scrutinio. L'idea sottostante a queste regole è che il presidente sia, ove possibile, espressione non della sola maggioranza di governo o di uno schieramento contrapposto ad un altro, ma di una larga convergenza di consensi, proprio perché il suo ruolo è di garante di tutti, al di fuori e in qualche modo al di sopra della dialettica parlamentare.

Unità e autonomia

Quando venne approvata la Costituzione, molti ritennero che la novità in un certo senso più rilevante da essa portata fosse l'istituzione delle Regioni. Lo Stato italiano era nato come Stato unitario, sul modello della Francia napoleonica: l'idea di fare dell'Italia una federazione degli Stati preunitari non ebbe seguito.

Vi erano bensì le autonomie comunali, che affondavano la loro tradizione nel lontano passato. Vennero istituite, negli stessi ambiti territoriali in cui era suddivisa l'amministrazione statale periferica, diretta dai Prefetti, le Province, che in seguito ebbero anch'esse organi elettivi, ma scarse funzioni prevalentemente tecniche (strade, manicomi, assistenza ai bambini illegittimi). Ma l'organizzazione politica si limitava allo Stato centrale: la proposta di istituire delle Regioni amministrative (progetto Minghetti, del 1865) fu respinta, temendosi che potesse mettere in pericolo l'unità nazionale appena raggiunta.

Dopo la Prima guerra mondiale il nuovo partito popolare, fondato da Luigi Sturzo, aveva nel suo programma, invece, la creazione di Regioni dotate di capacità anche legislativa: ma l'avvento del regime fascista, rigidamente centralizzatore e autoritario, aveva fatto svanire questa prospettiva. Essa venne ripresa, dopo la seconda guerra, soprattutto dal partito erede di quello popolare, la Democrazia cristiana, nonché dai repubblicani: già prima della Costituente vennero avviate esperienze o proposte di istituzioni regionali in Sicilia (nel 1946 fu addirittura emanato uno statuto, che attribuiva alla Sicilia larga autonomia), in Sardegna, in Valle d'Aosta; gli accordi internazionali intervenuti a proposito della minoranza di lingua tedesca dell'Alto Adige (accordo De Gasperi-Gruber) prevedevano a loro volta che in quella regione si realizzassero forme di autonomia. L'Assemblea costituente non solo confermò l'istituzione di queste Regioni «a statuto speciale» (con il Friuli-Venezia Giulia, giunto ad attuazione solo più tardi, dopo che, nel 1954, il territorio di Trieste tornò a far parte dello Stato italiano); ma stabilì che tutto il paese fosse ripartito in Regioni, dotate di organi eletti dalla popolazione, e di poteri sia legislativi, sia amministrativi, in alcune materie considerate di rilievo soprattutto locale, come l'agricoltura, il turismo, l'assistenza sanitaria.

Questa scelta, che per la prima volta introduceva una forma di decentramento nella legislazione e quindi di autonomia pienamente politica, caratterizza la Costituzione. Infatti essa, già nei principi fondamentali (art. 5), proclama bensì la Repubblica «una ed indivisibile» – confermando quindi la scelta unitaria già effettuata un secolo prima – ma aggiunge che essa «riconosce e promuove le autonomie locali»; non solo attua il decentramento dell'amministrazione statale, ma «adegua i principi e i metodi della sua legislazione alle esigenze dell'autonomia e del decentramento».

Per molti anni, dopo l'entrata in vigore della Costituzione, il disegno regionalistico rimase sulla carta, salva l'esperienza delle Regioni a statuto speciale, le quali però, costituendo delle eccezioni, sorte per di più in aree periferiche ed economicamente meno forti, non potevano modificare l'assetto fondamentale dello Stato e dell'amministrazione pubblica, che risultò perciò, a lungo, simile a quello dell'epoca precostituzionale: anche le autonomie comunali e provinciali, in questo contesto, non svilupparono tutte le loro potenzialità.

Negli anni Settanta del Novecento, finalmente, furono istituite tutte le Regioni: ma ancora per molti anni l'esperienza regionalistica è risultata alquanto gracile, inidonea a mutare a fondo il modo di essere delle istituzioni politiche e amministrative. Le cose hanno cominciato a cambiare solo nell'ultimo decennio: spinte politiche e innovazioni legislative, e da ultimo le modifiche del titolo V, parte II, della Costituzione – dedicato a Regioni, Province, Comuni – attuate con le riforme del 1999 (legge costituzionale n. 1) e del 2001 (leggi costituzionali n. 2 e n. 3, quest'ultima confermata con referendum nell'ottobre 2001) hanno avviato la trasformazione del nostro Stato in una Repubblica che qualcuno vorrebbe denominare «federale», e che delle Regioni e degli enti locali sottolinea il carattere non di semplici articolazioni organizzative, ma di elementi essenziali della struttura pubblica. La Repubblica, secondo la nuova formula dell'art. 114, «è costituita dai Comuni, dalle Province, dalle Città metropolitane, dalle Regioni e dallo Stato»; diretto e specifico rilievo costituzionale è attribuito a ciascuno di questi livelli di governo territoriale (le Città metropolitane, ancora non costituite, dovrebbero essere istituzioni speciali di governo per le aree costituite da più Comuni insediati in un territorio continuamente e densamente abitato e unitariamente connotato).

È questo l'unico terreno su cui la Costituzione del 1948 ha subìto una revisione abbastanza profonda. Basta ricordare che la competenza legislativa delle Regioni, già limitata a specifiche materie considerate di prevalente interesse locale, oggi invece si estende ad ogni materia diversa da quelle espressamente riservate alla legislazione dello Stato: è dunque il Parlamento nazionale, e non più le Regioni, che deve, per legiferare, trovare nella Costituzione un titolo espresso per intervenire. Già oggi, del resto, pur non essendosi ancora realizzata una struttura della finanza pubblica conforme al nuovo disegno, oltre un terzo della spesa pubblica passa attraverso le Regioni e gli enti locali.

Il nuovo assetto del regionalismo ha aperto un'altra prospettiva di riforma, per ora non compiuta: quella della eventuale trasformazione del Senato in «Camera delle Regioni» o «delle autonomie», formata cioè da rappresentanti delle realtà territoriali (o, che non è lo stesso, delle istituzioni regionali e locali): il che, però, potrebbe condurre a rivedere tutta la struttura del nostro bicameralismo, oggi fondata sulla perfetta parità fra le due Camere. Per ora la legge costituzionale n. 3 del 2001 (art. 11) si è limitata a prevedere, «sino alla revisione delle norme del titolo I della parte seconda della Costituzione» – cioè, appunto, delle norme sul Parlamento – che rappresentanti delle Regioni e degli enti locali integrino una speciale commissione bicamerale chiamata a dare pareri sulle leggi riguardanti i poteri e la finanza regionali e locali.

L'amministrazione e le amministrazioni

La Costituzione si occupa dell'organizzazione degli apparati pubblici solo al livello degli organi supremi, per l'appunto «costituzionali», e di quelli che immediatamente li coadiuvano. Degli apparati amministrativi la Costituzione dice poco: così, si limita a definire la posizione dei ministri (art. 95), ma non regola numero, struttura e competenze dei ministeri, che sono la forma tradizionale di organizzazione degli apparati amministrativi centrali. A ciò provvedono le leggi ordinarie: fino a poco tempo fa sopravvivevano le leggi, risalenti quasi tutte ad epoca precostituzionale, che avevano istituito, in tempi diversi, i vari ministeri; solo con il decreto legislativo n. 300 del 2000, poi in parte modificato, la materia è stata riordinata ridefinendo in un unico contesto numero, nome e competenze dei ministeri, che oggi sono 14.

Tuttavia la Costituzione dedica due articoli alla «pubblica amministrazione», il 97 e il 98, per stabilire alcuni principi. Anzitutto il principio per cui gli uffici pubblici devono essere organizzati «in modo che siano assicurati il buon andamento e l'imparzialità dell'amministrazione». Il «buon andamento» può apparire un principio fin troppo ovvio: ma la sua costituzionalizzazione consente di sindacare scelte legislative di organizzazione che risultassero irrazionali, foriere di sprechi di risorse o di disfunzioni. Quanto all'imparzialità, essa non va intesa nello stesso senso in cui se ne parla per i giudici, che devono risolvere controversie senza prendere parte per l'uno o l'altro dei contendenti (quando il cittadino ha una controversia con un'amministrazione pubblica, anche quest'ultima, come il primo, è «parte», e il giudice deve essere estraneo ad entrambe), ma in un senso più generico: l'amministrazione non deve agire per favorire o per colpire interessi particolari di qualcuno, ma per il pubblico interesse, sia pure interpretato e perseguito secondo le vedute e le scelte dei responsabili. I funzionari pubblici «sono al servizio esclusivo della Nazione» (art. 98, primo comma), cioè del pubblico interesse.

L'amministrazione non è, se non in senso relativo, indipendente dalla politica: è soggetta non solo alle leggi, ma anche agli indirizzi degli organi di governo: però si distingue da questi, perché in essa non hanno o non dovrebbero avere spazio gli interessi specifici dei singoli partiti o gruppi sociali e politici. Per questo, di norma, la scelta degli impiegati pubblici avviene per concorso (art. 97, terzo comma), in base alla capacità e alla competenza tecnica. Anche quando si ammette una nomina diretta da parte degli organi di governo – e ciò è possibile, nei casi stabiliti dalla legge (cfr. lo stesso art. 97, terzo comma) – con il cosiddetto *spoils system* (sistema delle spoglie), non lo si fa per consentire ai governanti di rendere dei favori a persone del proprio gruppo politico, ma per dare la possibilità di scegliere persone capaci ed efficienti, in grado di svolgere i compiti loro affidati in modo conforme agli indirizzi legittimamente decisi dagli organi di governo. Questo sistema riguarda principalmente l'attribuzione di incarichi direttivi, oltre che naturalmente la scelta di coloro che debbono collaborare più strettamente e più personalmente con i titolari di cariche politiche (capi di gabinetto, segretari particolari, ecc.). Al di fuori di quest'ultimo campo, quanto sia opportuno usufruire della possibilità di effettuare nomine senza concorso dipende dall'equilibrio che si vuole realizzare fra l'esigenza di avere un'amministrazione relativamente indipendente e non asservita ai governanti, e l'esigenza opposta di consentire ai governanti di scegliere persone che realizzino, e non ostacolino, gli obiettivi politici da loro legittimamente definiti. Da un lato c'è infatti il rischio di avere una burocrazia fatta di funzionari difficilmente amovibili e in grado addirittura di perseguire una loro politica, anche difforme da quella dei responsabili democraticamente legittimati; dall'altro lato c'è il rischio di riempire le file dell'amministrazione di persone scelte non per le loro capacità e i loro meriti, ma per la loro «fedeltà» a questo o quel leader politico. Un equilibrio dunque, come si capisce, delicato e difficile.

I funzionari pubblici hanno compiti, poteri e responsabilità definiti dalla legge (art. 97, secondo comma), e rispondono anche direttamente se nell'esercizio dei loro poteri violano i diritti di altri soggetti (art. 28).

La Costituzione non fa cenno a quelle particolari amministrazioni pubbliche, nate in gran parte molto più di recente, che non sono vincolate agli indirizzi politici degli organi di governo, e per questo sono dette «indipendenti» – indipendenti cioè dal Governo e dal Parlamento – come la Banca d'Italia, la Consob (organismo di vigilanza sulla borsa), le «Autorità» per la tutela della concorrenza, per la tutela dei dati personali (la *privacy*), per le garanzie nelle telecomunicazioni, per l'energia. Esse operano nell'ambito delle leggi con compiti di regolazione e di vigilanza su particolari settori, in cui prevale l'esigenza di sottrarre al Governo e di affidare a sedi tecniche indipendenti il controllo delle scelte, o di determinate scelte. La nomina dei titolari di questi organismi è in genere, ma non sempre, affidata ad organi a loro volta in posizione almeno relativamente *super partes*, come i Presidenti delle Camere, e ad essi sono conferiti mandati lunghi e uno statuto che tende a garantirne l'indipendenza.

Particolarmente avvertita è l'esigenza di garantire l'imparzialità (nel senso di non essere utilizzabili per fini di parte) dei corpi a cui è affidato l'uso della forza legittima, cioè le forze armate e le forze di polizia, al fine di evitare il rischio che l'uso indebito della forza possa travolgere o alterare i meccanismi democratici, come avviene in occasione dei colpi di Stato che hanno caratterizzato l'esperienza di molti paesi democraticamente più deboli. Per questo la Costituzione prevede che la legge possa vietare del tutto a militari e appartenenti a corpi di polizia (come ai magistrati e ai rappresentanti diplomatici e consolari all'estero) di appartenere a partiti politici (art. 98, terzo comma). Parallelamente, le leggi stabiliscono delle limitazioni ai diritti sindacali (di associazione e di sciopero) per militari e funzionari e agenti di polizia.

Quanto poi alle forze armate, la Costituzione, per meglio salvaguardarne l'imparzialità, ne attribuisce il comando – nel senso di «alto comando», non in senso gerarchico né operativo – al Presidente della Repubblica, rappresentante dell'unità nazionale, al quale è pure attribuita la presidenza dell'organismo di coordinamento chiamato Consiglio supremo di difesa (art. 87, nono alinea). Per contro, a scongiurare il rischio di corpi armati separati dal resto della struttura statale e dalla società, e potenzialmente pericolosi per la libertà e la democrazia (rischio almeno teoricamente più forte quando si abbandoni, come oggi si sta facendo per ragioni di efficienza, il sistema della leva, e dunque dell'«esercito di popolo»), la Costituzione vuole che l'ordinamento delle forze armate si informi «allo spirito democratico della Repubblica» (art. 52, terzo comma).

La giustizia

Degli apparati della giustizia e della loro attività la Costituzione si occupa nel titolo IV della seconda parte. Qui le parole chiave non sono più quelle della politica (democrazia, rappresentanza, maggioranza): il potere di chi amministra la giustizia non può essere organizzato secondo le regole degli organi rappresentativi e politici.

L'art. 101 si apre, sì, con l'affermazione secondo cui «la giustizia è amministrata in nome del popolo». Ma essa significa solo che anche il potere giudiziario, come tutti i poteri, è espressione della sovranità che appartiene al popolo, il quale però, come sappiamo, la esercita «nelle forme e nei limiti della Costituzione» (art. 1, secondo comma). Non significa che i giudici, i quali pronunciano le sentenze «in nome del popolo italiano», siano chiamati, nel giudicare, a compiere una *volontà popolare*, che il popolo potrebbe esprimere a maggioranza. Essi, invece, come aggiunge subito dopo lo stesso art. 101, «sono soggetti soltanto alla legge», cioè devono applicare le leggi, approvate dal Parlamento rappresentante del popolo. Ma soggezione alla legge non equivale a soggezione alla maggioranza politica, anche se la legge ne è normalmente espressione. La legge infatti, una volta adottata con i procedimenti voluti, ed entrata in vigore, è oggettiva, è «uguale per tutti», come sta scritto spesso nelle aule di giustizia. Ciascun giudice interpreta e applica le leggi secondo sua scienza e coscienza, senza essere soggetto in ciò a nessun'altra autorità.

La prima parola chiave in materia di giustizia è dunque «indipendenza». Indipendenza degli apparati giurisdizionali da ogni altro potere; indipendenza del singolo giudice da ogni altra autorità esterna o interna alla stessa magistratura.

I giudici non sono «rappresentanti del popolo» alla stessa stregua dei parlamentari o degli altri componenti di organi formati secondo le regole della democrazia rappresentativa. Anche quando (in casi particolari) sono eletti o nominati da organi politici, non rispondono a chi li ha eletti o nominati del modo in cui amministrano giustizia, non sono tenuti a seguirne gli indirizzi e le preferenze.

Esistono diversi corpi giudiziari, formati da giudici professionali o da giudici «onorari», cioè investiti di funzioni giudicanti senza essere di carriera.

La Costituzione considera bensì la funzione giurisdizionale in modo unitario, e vieta espressamente l'istituzione, accanto e al di fuori della magistratura «ordinaria», di *nuovi organi* giudicanti «speciali» per determinate categorie di giudizi, o «straordinari», cioè formati *ad hoc* per determinate controversie (art. 102, secondo comma): ma prevede poi che, invece, sopravvivano alcuni corpi giudicanti speciali che già esistevano prima della Costituzione (il Consiglio di Stato e gli altri organi di giustizia amministrativa, la Corte dei conti, i Tribunali militari: art. 103), e consente inoltre (secondo l'interpretazione prevalsa) che altri organi giudicanti preesistenti – ad esempio, le commissioni tributarie per le controversie fra cittadini e fisco – a loro volta vengano mantenuti, purché sottoposti a revisione per renderli conformi ai principi costituzionali (VI disp. trans. e fin.).

Per tutti questi corpi e organi giurisdizionali valgono i principi costituzionali – principalmente quelli di indipendenza e di imparzialità – che caratterizzano l'amministrazione della giustizia. Ma mentre quanto ai giudici «speciali» la Costituzione rinvia alla legge per la definizione del rispettivo ordinamento (art. 108), riguardo alla magistratura ordinaria, dotata della generale competenza in materia civile e penale, essa si preoccupa di dettare una serie di regole precise a garanzia di quei principi. I magistrati ordinari di carriera sono nominati per concorso; la legge può prevedere altre forme di investitura, anche per elezione, nel solo caso di magistrati onorari che non vanno a comporre organi giudicanti collegiali (art. 106). Poiché però per i magistrati di carriera occorre prevedere un'autorità che provveda all'assegnazione dei posti, ai trasferimenti, all'applicazione delle eventuali sanzioni disciplinari per violazione dei doveri di servizio, ecc., e poiché affidare queste funzioni al ministro e al ministero della Giustizia, come avveniva prima della Costituzione, significherebbe consentire che l'esecutivo condizioni i giudici, pregiudicandone la indipendenza, la Costituzione ha stabilito che questa autorità sia invece un organo collegiale, presieduto dal Capo dello Stato, e formato per due terzi da magistrati eletti dalla magistratura ordinaria al proprio interno (i cosiddetti componenti «togati»), e per un terzo da tecnici del diritto eletti dal Parlamento (i cosiddetti componenti «laici»). È il Consiglio superiore della magistratura, che realizza dunque una sorta di autogoverno del corpo giudiziario (sia pure corretto dalla presenza del Presidente della Repubblica e dei membri di elezione parlamentare).

Il ministro della Giustizia rimane, con il suo apparato amministrativo, ma non è più responsabile dei provvedimenti riguardanti i magistrati (può solo promuovere nei loro confronti l'azione disciplinare davanti all'apposita sezione del Consiglio superiore), bensì solo della organizzazione dei servizi giudiziari e dell'impiego delle risorse (art. 110).

La seconda parola chiave importante in questa materia è «imparzialità»: il giudice deve essere in una posizione nella quale tutti gli interessati, tutte le «parti» del processo possano vedere in lui qualcuno che deciderà non secondo un pregiudizio che lo leghi ad uno o altro interesse in gioco, ma secondo la legge, dopo avere sentito le parti, rispettando i diritti di tutti e trovando la soluzione «di giustizia».

L'imparzialità del giudice è il risvolto di quel «diritto al giudice», e ad un giudice «terzo e imparziale» (art. 111, secondo comma), che, come abbiamo visto, è condizione perché tutti gli altri diritti possano essere concretamente tutelati.

L'indipendenza è la prima garanzia di imparzialità. Ma *quis custodiet custodes*? Cioè, chi può difendere il cittadino dai possibili errori, o dai possibili abusi, che provengano dalla stessa macchina giudiziaria?

Questo problema è oggi spesso posto in evidenza, di fronte ad una giustizia a cui, a ragione o forse più spesso a torto, si imputano torti subiti, inefficienze o addirittura disegni politici. La risposta non può essere però quella di porre di nuovo i giudici sotto il controllo degli organi politici, come erano prima dell'avvento del costituzionalismo, e, in parte, prima della Costituzione repubblicana: il che non farebbe che produrre condizioni di assenza di garanzie per i singoli e per le minoranze. La risposta corretta sta, oltre che nella cultura e nella preparazione dei giudici, nella stessa articolazione del sistema giudiziario, in cui, normalmente, ogni pronuncia di un giudice può essere assoggettata a revisione davanti ad un altro giudice; sta nelle regole del processo; sta in un'organizzazione della macchina giudiziaria che prevenga e ripari errori, inerzie e abusi, assicurando fra l'altro quel diritto alla «ragionevole durata del processo» che dalla convenzione europea dei diritti è stato esplicitamente trasferito nel testo stesso della Costituzione (art. 111, secondo comma); sta, in ultima istanza, nella possibilità di far ricorso alla Corte europea dei diritti (altri paesi conoscono anche il ricorso individuale alla Corte costituzionale per violazione dei diritti fondamentali).

La giustizia costituzionale

La Corte costituzionale è una delle maggiori novità della Costituzione repubblicana. Entrata in funzione nel 1956 con un ritardo di otto anni, ma ormai da tempo divenuta un elemento essenziale del nostro sistema di poteri, la Corte ha oggi alle spalle quasi un cinquantennio di giurisprudenza, quasi 15.000 pronunce, e un'autorità talvolta discussa ma ormai consolidata.

La Costituzione si limita a definire le sue funzioni fondamentali (art. 134); il delicato equilibrio della sua composizione, formata com'essa è da quindici giudici, tutti tecnici del diritto, ma designati per un terzo dalle supreme magistrature (Corte di cassazione, Consiglio di Stato, Corte dei conti), per un terzo dal Parlamento e per un terzo dal Capo dello Stato (art. 135, modificato nel 1967 per quanto riguarda la durata del mandato dei giudici, ridotta da 12 a 9 anni); e gli effetti delle sue pronunce sulle leggi (art. 136). Rinvia poi a leggi costituzionali per la determinazione dei modi in cui si instaurano e si svolgono i suoi giudizi e delle garanzie di indipendenza dei giudici (sono le leggi costituzionali n. 1 del 1948 e n. 1 del 1953), e a leggi ordinarie per le ulteriori norme di funzionamento (art. 137).

Tutte le funzioni della Corte sono intese a garantire l'osservanza della Costituzione. Essa è prima di tutto il «giudice delle leggi», al quale i giudici comuni devono rivolgersi quando sorga un dubbio sulla legittimità costituzionale di ciò che dispone una legge ordinaria: se il dubbio risulta fondato, la sentenza della Corte priva di efficacia, definitivamente e per tutti, la legge incostituzionale. Spesso poi la Corte indica ai giudici qual è l'interpretazione della legge che rispetta la Costituzione, anche così concorrendo a dare efficacia ai principi costituzionali nella quotidiana applicazione delle norme.

La Corte può dunque anche rendere inefficace, in nome della Costituzione, la volontà del Parlamento che approva le leggi: è questo uno dei più rilevanti fra i «limiti» entro cui, ai sensi dell'art. 1, si esercita la sovranità del popolo. L'ultima parola, nel quadro della Costituzione, quando si discute sulla portata dei vincoli che da essa derivano, spetta infatti alla Corte, organo non elettivo (se non in parte) e non rappresentativo, e del tutto indipendente dagli organi politici. Il Parlamento può però modificare la Costituzione, seguendo le procedure stabilite (art. 138), e dunque se si vuole ha l'ultima parola «oltre» la Costituzione, purché non intacchi quei «principi supremi» (fra cui il nucleo essenziale dei diritti inviolabili delle persone) che si ritengono sottratti allo stesso potere di revisione della Costituzione (in tal caso sarebbe ancora una volta la Corte costituzionale a pronunciarsi). È questo il delicato equilibrio costituzionale instaurato fra regola di maggioranza ed esigenza di garanzia dei principi costituzionali.

In secondo luogo la Corte è il giudice dei conflitti fra Stato e Regioni, in ordine alle rispettive sfere di competenza legislativa e amministrativa.

Analoga funzione di «arbitrato» la Corte svolge nei conflitti fra poteri dello Stato, cioè fra soggetti e organi titolari di competenze costituzionali, per la salvaguardia della distinzione, della distribuzione e dell'equilibrio fra i poteri stabiliti dalla Costituzione medesima. Le pronunce su questi conflitti sono in aumento negli ultimi anni.

La Costituzione affida ancora alla Corte l'unica funzione di «giustizia politica» rimasta nel nostro ordinamento, vale a dire il giudizio sui reati di attentato alla Costituzione e di alto tradimento che siano addebitati al Presidente della Repubblica (mentre i giudizi sui reati commessi dai ministri nell'esercizio delle loro funzioni sono stati ricondotti alla competenza dei giudici comuni, sia pure con procedura speciale, dalla legge costituzionale n. 1 del 1989).

La legge costituzionale n. 1 del 1953 ha aggiunto infine alle funzioni della Corte quella di decidere preventivamente sulla ammissibilità, dal punto di vista costituzionale, delle richieste di referendum abrogativo di leggi, avanzate dagli elettori o dai Consigli regionali.

6. *Guardando fuori d'Italia: Costituzione e comunità internazionale*

Una nazione nella comunità delle nazioni

L'Ottocento è il secolo in cui molti Stati sorgono o si riorganizzano sulla base del principio nazionale. Il Novecento vede il crollo della Russia zarista e degli altri due imperi multinazionali, quello austro-ungarico e quello ottomano, il compimento di altre aspirazioni nazionali, una nuova intensa stagione del costituzionalismo in molti paesi, ma anche la sua crisi, con le lacerazioni e le convulsioni delle due guerre mondiali. È però anche il secolo in cui si affaccia un nuovo ideale di pacifica convivenza tra nazioni accomunate da valori civili e costituzionali comuni.

Dopo il tentativo fallito della Società delle Nazioni, il cammino riprende alla fine della Seconda guerra mondiale.

La grande novità è la nascita dell'Organizzazione delle Nazioni Unite (1945), la cui Carta è ispirata esplicitamente agli ideali di libertà, eguaglianza, democrazia, pace fra i popoli che rappresentano l'anima del costituzionalismo; e che, a differenza della Società delle Nazioni, riesce nel tempo a riunire praticamente tutti gli Stati della terra (oggi i membri dell'organizzazione sono divenuti 191, dai 51 originari). È l'Onu che per la prima volta porta a livello internazionale e tendenzialmente universale i principi dei diritti umani, che costituiscono lo sviluppo di quelli affermati nelle dichiarazioni dei diritti della fine del Settecento, e ne fa oggetto della *Dichiarazione universale dei diritti dell'uomo* proclamata dall'assemblea delle Nazioni Unite il 10 dicembre 1948.

Il linguaggio che parla la *Dichiarazione* è lo stesso dei primi documenti costituzionali della fine del Settecento, arricchito e sviluppato da un secolo e mezzo di tragedie e di progressi. Sono enunciati i diritti che spettano «ad ogni individuo [...] senza distinzione alcuna, per ragioni di razza, di colore, di sesso, di lingua, di religione, di opinione politica o di altro genere, di origine nazionale o sociale, di ricchezza, di nascita o di altra condizione» (art. 2): le libertà civili, i diritti politici di partecipazione, i diritti sociali. Su tutti, riassuntivamente, il «diritto ad un ordine sociale e internazionale nel quale i diritti e le libertà enunciati in questa Dichiarazione possano essere pienamente realizzati» (art. 28).

In parallelo, si affermano i principi della convivenza tra i popoli e dell'organizzazione internazionale.

La comunità delle nazioni, per la prima volta nella storia, si fonda su un'organizzazione giuridica.

La fine della guerra mondiale segna anche l'inizio della stagione che porterà, in un breve volgere di anni, allo smantellamento degli imperi coloniali che le potenze europee avevano costituito e difeso per secoli. Accedono più o meno drammaticamente all'indipendenza, ed entrano a far parte dell'Onu, grandi nazioni asiatiche come l'India e i paesi africani grandi e piccoli.

L'Europa, a sua volta, avvia il processo di integrazione e di unificazione che segna il superamento definitivo delle antiche contrapposizioni fra Stati.

La Costituzione italiana e l'ordinamento internazionale

La Costituzione adottata in Italia nel 1947 ha una forte ispirazione «internazionalistica». Non a caso: essa si è formata nel periodo storico, immediatamente successivo alla Seconda guerra mondiale, in cui si operò il massimo sforzo per disegnare una evoluzione dell'assetto internazionale coerente con gli ideali del costituzionalismo.

In materia di diritti c'è la *Dichiarazione universale* dell'Onu, a cui fanno seguito, in alcune aree geografiche, convenzioni regionali intese a garantirli. In Europa è la *Convenzione per la salvaguardia dei diritti dell'uomo e delle libertà fondamentali*, stipulata nel 1950 a Roma, successivamente integrata da vari Protocolli aggiuntivi, e alla quale aderiscono oggi 47 paesi. Essa istituisce una Corte europea dei diritti dell'uomo, insediata a Strasburgo, che si pronuncia, su richiesta degli Stati membri, e ora (in base al Protocollo n. 11, entrato in vigore nel 1998) anche su ricorso dei singoli, sulle violazioni dei diritti fondamentali che siano derivate da atti di autorità degli Stati membri. La Corte non può annullare gli atti degli Stati, ma questi sono obbligati a dare esecuzione alle sue sentenze, e se non è possibile ripristinare il diritto violato, l'interessato può ottenere un indennizzo.

Anche la progressiva costruzione delle Comunità europee e poi dell'Unione europea, a partire dai Trattati di Roma degli anni Cinquanta, ha potuto fondarsi sulle basi costituzionali relativamente omogenee degli Stati membri. L'Unione non ha ancora una Costituzione scritta (l'avrà se e quando entrerà in vigore un trattato che la adotti, come quello firmato a Roma il 29 ottobre 2004 ma non ratificato da tutti gli Stati membri), ma da tempo si è riconosciuto che le tradizioni costituzionali degli Stati che la compongono esprimono principi comuni, che l'Unione ha fatto propri. Quando si è deciso di procedere alla redazione di una *Carta dei diritti fondamentali dell'Unione europea* – proclamata a Nizza nel dicembre del 2000, e destinata ad essere inserita nella futura Costituzione dell'Unione – si è attinto a questo patrimonio comune. La Carta infatti riafferma, come si esprime il suo preambolo, i diritti derivanti in particolare dalle tradizioni costituzionali e dagli obblighi internazionali comuni agli Stati membri, dal trattato sull'Unione europea e dai trattati comunitari, dalla convenzione europea per la salvaguardia dei diritti dell'uomo e delle libertà fondamentali, dalle carte sociali adottate dalla Comunità e dal Consiglio d'Europa, nonché i diritti riconosciuti dalla giurisprudenza della Corte di giustizia delle Comunità europee e da quella della Corte europea dei diritti dell'uomo.

Rispetto a questi sviluppi la Costituzione italiana del 1947 è assolutamente aperta, si direbbe con una visione per certi versi anticipatrice. L'art. 10 afferma che «l'ordinamento giuridico italiano si conforma alle norme del diritto internazionale generalmente riconosciute»: significa che queste ultime norme – le consuetudini su cui si basa l'ordine internazionale, ma forse anche, secondo una interpretazione possibile, pur se finora non accolta, le convenzioni generali multilaterali sui diritti umani – valgono come norme costituzionali, che le leggi ordinarie non possono violare. Ora poi, dopo la recente riforma del 2001, l'art. 117 afferma che «la potestà legislativa è esercitata dallo Stato e dalle Regioni nel rispetto della Costituzione, nonché dei vincoli derivanti», oltre che dall'ordinamento comunitario europeo, «dagli obblighi internazionali». Si discute ancora sulla portata pratica di questa disposizione, ma in ogni caso essa conferma che la nostra Costituzione è lontana da una visione rigidamente «nazionale», che ignori o consideri costituzionalmente irrilevante l'appartenenza dello Stato al più ampio contesto giuridico internazionale.

Le limitazioni di sovranità per un ordine internazionale che assicuri «la pace e la giustizia fra le nazioni»

Soprattutto, la Costituzione contiene quell'art. 11 che Piero Calamandrei, in un suo commento del 1950, raffigurò come una «finestra» dalla quale «si riesce a intravedere, laggiù, quando il cielo non è nuvoloso, qualcosa che potrebb'essere gli Stati Uniti d'Europa e del Mondo». In esso non solo si proclama solennemente il ripudio della guerra «come strumento di offesa alla libertà degli altri popoli e come mezzo di risoluzione delle controversie internazionali», ma si afferma che l'Italia «consente, in condizioni di parità con gli altri Stati, alle limitazioni di sovranità necessarie a un ordinamento che assicuri la pace e la giustizia fra le Nazioni» e «promuove e favorisce le organizzazioni internazionali rivolte a tale scopo».

Questa norma, pensata essenzialmente in vista dell'ingresso dell'Italia nell'Onu (avvenuto nel 1955), ha in realtà avuto soprattutto la funzione di legittimare dal punto di vista costituzionale le limitazioni alla sovranità statale derivanti dall'adesione alle Comunità e poi all'Unione europea. Fin dall'inizio infatti si pose il problema di come potessero giustificarsi le alterazioni al quadro dei poteri costituzionali che comportava l'attribuzione a istituzioni sovranazionali (gli organi delle Comunità europee) di compiti e di poteri, esercitati direttamente nei confronti dei cittadini, di efficacia pari e anzi superiore a quella degli atti legislativi ed esecutivi delle autorità interne, tenendo conto che tale attribuzione è avvenuta con semplici leggi ordinarie, che hanno reso esecutivi in Italia i Trattati europei. Ai dubbi di costituzionalità sollevati in proposito la Corte costituzionale ha risposto indicando appunto nell'art. 11 della Costituzione il fondamento giuridico della «cessione» da parte dello Stato italiano di «quote» di sovranità a favore delle istituzioni comunitarie. Qualcosa di più, dunque, del semplice riconoscimento dell'esistenza di obblighi internazionali dello Stato, assunti con i Trattati: si tratta di una rinuncia definitiva alla pienezza della sovranità «interna». La nostra giurisprudenza non ha (o non ha ancora) teorizzato l'integrazione o l'assorbimento dell'ordinamento «interno» in quello più ampio dell'Europa comunitaria: continua a ragionare in termini, come dicono i giuristi, di «dualismo», cioè di distinzione e separazione fra ordinamento interno e ordinamento sovranazionale: ma agli effetti pratici riconosce che, sul fondamento dell'art. 11, i poteri sovranazionali non solo operano legittimamente, ma prevalgono, negli ambiti definiti dai Trattati, sui poteri interni, e che dunque le leggi nazionali non possono operare in contrasto con le leggi comunitarie, che i giudici italiani e le amministrazioni italiane sono obbligati a rispettare e a far rispettare.

Se la prossima entrata in vigore della Costituzione dell'Unione europea segnerà, da un punto di vista formale, un salto di qualità del processo di integrazione, che cesserà di apparire come un fenomeno di collaborazione «tradizionale» fra Stati che stipulano fra di loro trattati e convenzioni, per manifestare apertamente la sua natura di fenomeno nuovo che si sovrappone agli Stati e ne mutua la natura «costituzionale» (non molto diversamente da ciò che accade quando più Stati danno vita fra di loro ad una Federazione), nella sostanza però tutto ciò si porrà, rispetto alla nostra Costituzione e ai principi che essa enuncia nell'art. 11, come il raggiungimento di un traguardo già previsto, accettato e anzi voluto. E se, in vista della portata politica che avrà la nuova Costituzione europea, potrà eventualmente apparire opportuno un procedimento interno, nei singoli Stati membri, di accettazione e ratifica più solenne di una semplice legge ordinaria di esecuzione del trattato, magari integrato da un voto popolare mediante referendum, dal punto di vista strettamente costituzionale non si tratterà, per noi, di una rottura né di una novità lacerante, ma solo del compimento di un processo a cui i padri costituenti del 1947 già guardavano, quando scrivevano e approvavano l'art. 11.

In effetti l'art. 11 è una norma che guarda, per così dire, avanti: mentre in genere le Costituzioni nazionali esprimono la rivendicazione e la pienezza di esercizio della sovranità statale, la nostra Costituzione, con l'art. 11, rende la vita costituzionale dello Stato italiano aperta e, per così dire, permeabile ai poteri sovranazionali, rappresentando un'espressione singolarmente avanzata dell'ispirazione universalistica del costituzionalismo contemporaneo.

Costituzione europea e Costituzione nazionale

Ma, si potrebbe dire, con l'avvento della Costituzione europea la Costituzione italiana non si trova, in un certo senso, alla fine del suo ciclo, non è destinata ad essere in grande parte sostituita e per così dire assorbita dal quadro costituzionale europeo? Se i cittadini di un futuro ormai prossimo potranno esercitare i diritti fondamentali enunciati nella Carta europea, inclusa nella nuova Costituzione, se il sistema dei poteri legislativi, esecutivi e persino giudiziari dotati delle più importanti attribuzioni sarà quello risultante dalla Costituzione dell'Unione, la Carta del 1947 non si riduce allora al rango di statuto particolare, un poco come, nel quadro della Repubblica italiana, sono gli statuti delle Regioni? Dobbiamo dunque vedere in essa il reperto, nobile ma superato, di un'epoca che sta per chiudersi?

In realtà il cammino è ancora lungo. Se i poteri e i compiti affidati alle istituzioni comunitarie sono aumentati e andranno aumentando ancora, così che vi sono settori delle politiche pubbliche ormai quasi per intero «comunitarizzati» (si pensi all'agricoltura o alla disciplina della libera circolazione dei lavoratori, delle merci e dei capitali), siamo però ancora lontani da un livello di integrazione tale da rendere «marginali» le Costituzioni nazionali. La lunga strada verso l'Europa politica unita è un processo assai più complesso e difficile di quello che tredici piccoli e giovani Stati ex coloniali dell'America del Nord compirono quando, oltre duecento anni fa, diedero vita agli Stati Uniti d'America. Proprio le difficoltà che il processo d'integrazione dell'Europa incontra, soprattutto quando si affrontano i campi in cui da sempre gli Stati hanno difeso la loro individualità e la loro sovranità (questo concetto ormai certo usurato, ma ancora pregno di storia) – come la politica internazionale e della difesa – mostrano che il ciclo di vita dei nostri Stati «nazionali» non è ancora esaurito, e che perciò, per molto tempo ancora, la cornice costituzionale dello Stato (per noi, quella della Costituzione del 1947) manterrà il suo significato teorico e pratico per i cittadini.

Dal punto di vista del diritto, i grandi corpi legislativi (si pensi ai codici, civile, penale, di procedura civile e penale) restano per ora «nazionali», anche se condizionati in diversi settori, sempre più, dalla normativa europea; le tradizioni giuridiche nazionali, che trovano espressione in mille occasioni quotidiane del vivere sociale, sono ancora forti e corpose. E dunque lo è anche l'impronta unitaria e unificante che deriva dalla Costituzione. Ciò non toglie che anche a livello costituzionale l'integrazione europea faccia sentire il suo peso. Sempre più dovremo abituarci a considerare che i diritti fondamentali di cui godono individui e gruppi trovano base e definizione non più solo nella Costituzione repubblicana, ma anche e prima ancora nella Costituzione europea e nel «diritto costituzionale comune» degli Stati europei. Così come siamo ormai abituati a pensare che cittadini di Milano o di Palermo hanno e devono avere in linea di principio gli stessi diritti fondamentali, ci abitueremo a pensare che lo stesso vale e deve valere per i cittadini di Napoli, di Francoforte, di Londra, di Madrid o di Budapest. La Corte costituzionale italiana continuerà a controllare le leggi italiane alla luce della Costituzione del 1947, ma la sua giurisprudenza dovrà sempre più armonizzarsi con quella della Corte di giustizia europea del Lussemburgo, e, in materia di tutela dei diritti fondamentali, con quella della Corte europea dei diritti dell'uomo di Strasburgo.

Crisi dell'internazionalismo democratico?

Da un altro versante l'ideale pacifista e internazionalista dell'art. 11 sembra oggi messo in discussione.

Per quasi cinquant'anni il maggiore ostacolo a una realizzazione di questi principi apparve essere la contrapposizione armata dei due «blocchi», occidentale e sovietico-cinese, e il fronteggiarsi dei due mondi democratico-liberale e comunista. Pure non fu senza significato che Stati di entrambi i blocchi fossero fra i sottoscrittori della Carta dell'Onu e della *Dichiarazione universale dei diritti*, e fra i partecipi dell'organizzazione delle Nazioni Unite (come non è senza significato che forze politiche così diverse nelle loro ideologie e nei loro scopi ultimi si siano insieme riconosciute nella Costituzione italiana del 1947).

Oggi il blocco sovietico non c'è più, e il costituzionalismo d'impronta occidentale ha conquistato la Russia e l'est europeo, mentre il sistema cinese evolve rapidamente. Eppure – tragica ironia della storia – chi guarda oggi il panorama mondiale non può sfuggire all'impressione che gli ideali di cinquanta anni fa stiano piuttosto per indebolirsi, che il mondo stia andando – talvolta addirittura per l'azione degli stessi maggiori protagonisti delle speranze del passato – a ritroso sulla strada della pace, dell'ordine e della giustizia internazionale.

Da un lato, dopo la fine dell'era della guerra fredda, mantenuta tale dall'«equilibrio del terrore» atomico, nuove dottrine e nuove prassi internazionali, anche sorrette da nuove tecnologie militari, sembrano talvolta avere dissolto lo stesso antico concetto di guerra, cui eravamo abituati. La nostra Costituzione si preoccupa ancora di attribuire alle Camere il potere di deliberare lo «stato di guerra» (art. 78) e al Capo dello Stato il potere di dichiarare la guerra deliberata dalle Camere (art. 87), e configura ancora poteri speciali del Governo in caso di guerra (art. 78), leggi di guerra (art. 27), tribunali di guerra (art. 102). Ma tutto ciò sembra appartenere a un mondo passato, quando vediamo forze armate degli Stati operare fuori dai rispettivi territori nazionali al di fuori di qualsiasi guerra dichiarata, nell'intento affermato di portare la pace fra etnie o fazioni in lotta, o di prevenire o impedire violazioni di diritti umani da parte di regimi di altri Stati (l'ingerenza umanitaria), o di rispondere ad azioni terroristiche.

Dall'altro lato, sembrano minacciati da un regresso epocale gli stessi ideali di ordine internazionale pacifico e giusto che hanno ispirato la Carta dell'Onu e che sono riflessi anche nell'art. 11 della Costituzione italiana. Nuove ideologie fondamentaliste e nuove forme di violenza, nemmeno direttamente facenti capo agli Stati, nuove tentazioni «imperialistiche» e nuove dottrine della sicurezza nazionale da garantire preventivamente sembrano smentire, proprio quando la fine dell'era dei «due blocchi» sembrava poterne consentire la piena realizzazione, l'aspirazione a portare nella comunità internazionale gli stessi principi di convivenza pacifica, di legalità, di monopolio dell'uso della forza in capo ad autorità riconosciute, che la realtà degli Stati ha cercato nella storia di realizzare nell'ordine «interno» delle comunità umane. Nel mondo le disuguaglianze non vengono meno ma talvolta addirittura aumentano; i diritti umani continuano ad essere disattesi e violati in tanti luoghi e in tanti modi; il potere internazionale della ricchezza e delle armi è ancora forte e sembra talora immune da vincoli; i linguaggi che si parlano a livello internazionale paiono sempre più distanti fra loro anziché avvicinarsi; persino i fantasmi delle guerre di religione, che sembravano appartenere al nostro passato, si riaffacciano negli scontri fra comunità legate a diverse tradizioni religiose.

L'Onu appare in crisi, sia perché i singoli grandi Stati non rinunciano all'uso unilaterale della forza, sia perché i suoi organismi e processi decisionali non sono sempre capaci di governare i complessi processi della realtà internazionale.

Era allora solo illusione o ipocrisia, quello che promettevano le dichiarazioni dei diritti e che i governanti usciti dalla Seconda guerra mondiale hanno affermato nelle Carte sottoscritte?

Pure, non è indifferente che i diritti umani siano proclamati in una *Dichiarazione universale*, come non è stato indifferente che essi, nelle prime formulazioni, fossero proclamati due secoli fa in paesi la cui realtà pure, per tanto tempo, è stata lontana da una loro coerente realizzazione (basti pensare, per fare solo un esempio, alla lunga sopravvivenza della schiavitù in America). Non è indifferente che esistano luoghi e istituzioni – Palazzi di vetro – deputati a mantenere vivi gli ideali scritti nelle Carte, e a cercare ogni giorno di tradurli in atto. Non è indifferente, nemmeno, che pure chi fa delle scelte che sembrano contrastare quei principi cerchi tuttavia di richiamarvisi (anche l'ipocrisia talvolta ha una funzione positiva!), e usi il linguaggio dei grandi ideali costituzionali.

La storia, si sa, non è lineare, ed è difficile negare la realtà di tendenze regressive che sono sotto gli occhi di tutti. Ma così come la storia degli Stati costituzionali suggerisce che, nonostante tutte le incoerenze, le ingiustizie, le discriminazioni, gli arbitri, le violazioni di diritti che possiamo ogni giorno constatare, i principi consacrati nelle Costituzioni mantengono il valore di principi di riferimento per l'organizzazione della convivenza nelle comunità nazionali, allo stesso modo possiamo e dobbiamo continuare a guardare ai principi universali del costituzionalismo come ideali cui ispirare l'organizzazione della comunità internazionale: nonostante tutto.

Ecco perché anche l'art. 11 della Costituzione italiana mantiene il suo valore essenziale. Ecco perché la nascita della nuova Costituzione europea, che raccoglie nel processo di integrazione la tradizione costituzionale dei paesi membri dell'Unione, può essere un'occasione per rinvigorire la fiducia in quei principi. Se un compito proprio e specifico può attribuirsi, nella nuova realtà internazionale, all'Europa, in ragione della sua storia peculiare in cui si riassumono insieme i maggiori sforzi verso un ordine di libertà e di giustizia e molte fra le più tragiche esperienze di oppressione e di ingiustizia, proprio questo dovrebbe essere: mantenere ferma, contro ogni fanatismo e ogni tentazione vecchia e nuova di unilateralismi, egoismi e politiche di potenza, la fiducia nella possibilità di costruire, e la volontà di costruire pazientemente, un ordine sociale universale che si informi a quei principi.

7. *Guardando al futuro: attualità della Costituzione*

La discussione sulle riforme: dal tabù della Costituzione al «nuovismo» costituzionale

I primi vent'anni di vita della Costituzione sono stati dominati dalla battaglia per la sua attuazione e dalla polemica sulla sua inattuazione. L'impianto non era messo in discussione, e anche le forze che ne frenavano l'attuazione non avevano espliciti obiettivi di modifica o di superamento della Costituzione.

Non che mancassero critiche e riserve, tra le stesse forze che avevano concorso a dar vita al patto costituzionale, sul testo che ne era uscito: più nell'ambito dei gruppi moderati, le cui visioni pure avevano trovato più ampia rispondenza nel testo (in sostanza la Democrazia cristiana aveva perduto nettamente solo la battaglia per un Senato rappresentativo delle categorie professionali e delle Regioni) che non nell'ambito delle sinistre, le quali, trovandosi a ricoprire in modo permanente un ruolo di opposizione, finirono per fare una loro bandiera dell'attuazione di istituti costituzionali (come la Corte costituzionale o le Regioni) nei cui confronti pure, alla Costituente, avevano espresso le maggiori riserve.

Ma, anche nel contesto politico fortemente conflittuale inauguratosi nel 1947 con l'uscita delle sinistre dal Governo, nessuno dei protagonisti disconosceva la base di legittimazione e il quadro di principi rappresentati dalla Costituzione. È a partire dagli anni Settanta che inizia a manifestarsi una cultura del revisionismo costituzionale, che crescerà negli anni Ottanta fino a conoscere uno sviluppo impetuoso dall'inizio degli anni Novanta.

Oggetto di critica era, all'inizio, soprattutto la «forma di governo»: si lamentava una debolezza dell'esecutivo per la frammentazione e la instabilità del Governo, per la forza delle intese parlamentari di cui erano spesso protagoniste anche le opposizioni (pratica che veniva tacciata di «consociativismo») e per lo strapotere dei partiti, i cui apparati avevano acquisito forti poteri di condizionamento non solo delle politiche governative, ma anche degli indirizzi legislativi, degli organigrammi amministrativi e dei poteri economici collegati alle strutture pubbliche (la cosiddetta partitocrazia). Si comincia a parlare di trasformazioni del sistema in senso «presidenzialistico», anche se spesso in modo confuso e ambiguo. L'insofferenza per la mediazione dei partiti e la critica radicale al modo in cui il sistema dei partiti operava alimenta il «mito» dell'elezione diretta del capo dell'esecutivo, vista come strumento di una democrazia «immediata». Più in generale, prevale in molti la preoccupazione di assicurare una maggiore efficienza e rapidità decisionale del sistema di governo (la «governabilità»), piuttosto che quella di evitare eccessive concentrazioni di potere e di assicurare un sistema di «pesi e contrappesi». Si sosteneva da varie parti, e si sostiene, che la Costituzione del 1947 è stata congegnata in vista dell'obiettivo di garantirsi contro gli arbìtri dell'esecutivo piuttosto che di consentire una efficiente azione di governo (e tuttavia non si può dimenticare che l'azione di governo passa oggi largamente attraverso l'attività legislativa, e che il sistema parlamentare, scelto dalla Costituzione, è storicamente quello che meglio tende ad assicurare la coerenza fra gli indirizzi del Governo e quelli della maggioranza legislativa in Parlamento).

Contemporaneamente, su un altro piano, si è andata rafforzando, anche sulla spinta di nuove tendenze politiche sviluppatesi soprattutto nell'Italia del nord, l'idea che il sistema delle autonomie regionali come previsto dalla Costituzione e soprattutto come attuato in Italia dopo il 1970 fosse troppo debole, e che anche su questo terreno, dunque, occorresse una profonda modificazione dell'assetto costituzionale.

Più di recente, poi, le violente contrapposizioni tra le forze politiche (soprattutto alcune) e la magistratura hanno portato alla ribalta più spesso il tema della giustizia. Un tema, questo, su cui le ragioni del dibattito e le esigenze di cambiamento sono spesso oscurate dal manifestarsi, anche in un clima di rivalsa verso procedimenti giudiziari che hanno coinvolto esponenti politici, propositi di indebolimento dei poteri dei magistrati e di restrizione dell'autonomia della magistratura.

Più rare, ma anche più insidiose, le critiche alla prima parte della Costituzione, sui diritti e i doveri, e in ispecie alle disposizioni della «Costituzione economica», sostenendosi talora che essa sia improntata ad una visione «statalista» oggi superata dagli indirizzi prevalenti in ordine alle politiche economiche e fiscali e dalle norme europee, ispirate ai criteri della libertà di mercato. In queste critiche però – quando non rivelino visioni regressive in contrasto con la stessa idea dello Stato democratico e sociale, ormai acquisita al patrimonio del costituzionalismo almeno europeo, col suo corredo di diritti sociali e di doveri di solidarietà – si annida spesso l'equivoco storico di addebitare alla Costituzione, che in campo economico lascia ampi spazi di scelte e di strumenti al legislatore e ai Governi, difetti imputabili semmai alle concrete politiche economiche e finanziarie di fatto perseguite in certi periodi storici.

Nell'ultimo decennio del secolo trascorso soffiava un vento di «nuovismo» costituzionale che trascorreva dalle proposte intese a migliorare il funzionamento del sistema ad una complessiva critica, se non ad una vera e propria denigrazione, della Costituzione repubblicana, vista come prodotto di un'«era» e di un sistema partitico (i partiti antifascisti che avevano retto l'Italia dal 1944) che si intendevano superare, e quindi come strumento «vecchio» e inadeguato ai nuovi tempi e alle nuove esigenze. Il culmine di questa tendenza si raggiunge forse nel 1991, quando addirittura un solenne messaggio dell'allora Presidente della Repubblica Cossiga alle Camere accredita pure l'idea di dar vita ad una Assemblea costituente incaricata di varare una Costituzione interamente nuova. L'eventualità (e il rischio) di una «rottura» costituzionale sembrava allora appartenere ormai all'ordine delle possibilità concrete.

La traduzione istituzionale di queste spinte, almeno finora, è però stata assai più prudente, e su molti aspetti non è arrivata ad incidere sulla realtà costituzionale.

Si è dato vita a numerose commissioni, per lo più formate dal Parlamento, in vista dell'elaborazione di progetti più o meno organici di riforme istituzionali: nel 1983 la Commissione Bozzi (dal nome del suo presidente), preceduta da un Comitato parlamentare di studio nel 1982, e che presentò la sua relazione (seguita da scarsi consensi) nel 1985; nel 1992 una nuova commissione, ricostituita poi nel 1993 con una legge costituzionale che ipotizzava una procedura speciale, in deroga all'art. 138 della Costituzione, per il varo di una riforma complessiva della Costituzione nella sua seconda parte, relativa all'ordinamento della Repubblica (fu la cosiddetta Commissione De Mita-Jotti); nel 1994 un Comitato di studio promosso dal primo Governo Berlusconi; nel 1997 una nuova commissione bicamerale, anch'essa creata con legge costituzionale, con la previsione di una procedura speciale di approvazione della riforma (la cosiddetta Commissione D'Alema). Essa formulò una proposta che ambiva a riscrivere integralmente la seconda parte della Costituzione, ma i cui esiti ancora una volta non ebbero seguito in Parlamento, salvo che per la parte relativa alle Regioni e agli enti locali, che si è in larga misura trasfusa prima nella legge costituzionale n. 1 del 1999, e poi nella riforma del titolo V della seconda parte della Costituzione, varata con la legge costituzionale n. 3 del 2001, approvata dal Parlamento con la procedura dell'art. 138, e confermata dal referendum.

Una nuova, più circoscritta ma non marginale proposta di riforma della seconda parte della Costituzione venne presentata dal Governo Berlusconi il 10 ottobre 2003, discussa e approvata, a seguito della duplice lettura prescritta, dalle due Camere con il voto della sola maggioranza di governo di allora, e nella seconda deliberazione a maggioranza assoluta (inferiore a due terzi). Il progetto venne perciò sottoposto a referendum il 25 e 26 giugno 2006, a seguito della richiesta avanzata dalle minoranze parlamentari, da più di cinque consigli regionali e da oltre 500.000 elettori. L'esito è stato negativo: il 61,3% dei voti espressi sono stati per il «no», avendo partecipato al voto il 52,3% degli elettori (peraltro in questo tipo di referendum il cosiddetto *quorum* dei votanti non è richiesto).

Il progetto affrontava diversi temi: prevedeva, in nome della cosiddetta devoluzione, modifiche e integrazioni – per la verità di segno ambiguo e talora confuso – al titolo V sulle autonomie regionali e locali, pur lasciato invariato nell'impianto; prevedeva la trasformazione del Senato in Camera «federale», pur sempre elettiva, ma non più chiamata a votare la fiducia al Governo bensì solo a deliberare in via preminente su certe categorie di leggi, con una complessa distribuzione della funzione legislativa fra le due Camere a seconda delle «materie» oggetto delle leggi; ampie modifiche in tema di forma di governo, incentrate su una figura di Primo ministro, eletto in modo sostanzialmente diretto, e vero «padrone» della maggioranza parlamentare attraverso i meccanismi elettorali e i poteri esercitati nei confronti delle Camere, soprattutto con la previsione di uno scioglimento della Camera quasi sempre parallelo alle dimissioni del Primo ministro (*simul stabunt, simul cadent*); una corrispondente riduzione dei poteri del Capo dello Stato; infine alcune modifiche in tema di Consiglio superiore della magistratura (cui si sottraeva la scelta del suo vicepresidente) e di Corte costituzionale (con l'aumento del numero dei giudici eletti dal Parlamento e la previsione della facoltà dei Comuni di impugnare le leggi statali e regionali lesive della loro autonomia).

L'insuccesso del progetto sottoposto a referendum – visto, al di là del suo contenuto, come il prodotto della volontà della maggioranza del momento – non ha spento del tutto i propositi di più o meno «grandi» riforme costituzionali, anche se li ha presumibilmente indeboliti, anche per effetto della accentuata conflittualità fra gli schieramenti politici contrapposti, che rende più difficili riforme concordate fra le parti.

In realtà è difficile sfuggire all'impressione che questi temi vengano spesso agitati in modo strumentale, quasi a supplire alla incapacità o alla non volontà di affrontare i nodi politici sul tappeto. Nei periodi, infatti, in cui programmi politici concreti, nei vari settori della vita del paese, procedono verso la loro attuazione, l'attenzione al tema delle riforme costituzionali in genere diminuisce, per tornare all'ordine del giorno quando si manifestano condizioni di difficoltà o di stallo nel confronto politico.

D'altra parte, ciò che è accaduto negli ultimi anni nel sistema politico, con la scomparsa o la trasformazione dei partiti storici e la nascita di nuovi partiti su basi profondamente diverse, ha aperto la strada ad esperienze politiche i cui sviluppi e i cui esiti sembrano mettere in evidenza più i pericoli che i vantaggi delle vagheggiate riforme costituzionali.

Le trasformazioni intervenute in questi anni nel sistema politico e nel modo di funzionamento delle istituzioni, anche a seguito delle riforme elettorali, hanno reso non più attuali e per alcuni aspetti hanno rovesciato alcune delle preoccupazioni che muovevano le istanze di riforma della Costituzione: così, ad esempio, oggi sarebbe difficile dire che l'esecutivo è troppo debole nei confronti del Parlamento, perché semmai si assiste a prassi che rischiano di svuotare il ruolo legislativo delle assemblee; o che non c'è sufficiente distinzione fra ruolo della maggioranza e ruolo dell'opposizione, perché, al contrario, per lo più si fronteggiano in Parlamento due schieramenti «impermeabili» e scarsamente dialoganti.

Peraltro alcune delle spinte al «nuovismo» costituzionale nascondevano e nascondono rischi di indebolimento, nella coscienza collettiva, dei valori fondamentali della Costituzione repubblicana e dell'idea della Costituzione come terreno condiviso dalle diverse parti politiche; e alimentano la pericolosa illusione di poter ottenere attraverso nuove regole istituzionali risultati (in termini di stabilità, coerenza di indirizzi, efficacia di azione di governo) che solo processi politici e culturali, pazientemente e coerentemente promossi, possono produrre.

La funzione stabilizzante e unificante della Costituzione verrebbe messa a grave rischio se passasse l'idea che anche i meccanismi fondamentali del sistema costituzionale possono essere radicalmente cambiati in base a decisioni della sola maggioranza del momento: la Costituzione diverrebbe, così, non più la «casa di tutti», il quadro di fondo cui tutti, maggioranze e minoranze, possono guardare come elemento di garanzia e di concordia, ma l'oggetto di una quotidiana contesa politica. Sarebbe paradossale che ciò avvenisse oggi, dopo che la storia si è incaricata di far venir meno le antiche radicali contrapposizioni ideologiche che ostacolavano le prospettive di un fisiologico alternarsi al Governo di diverse forze politiche e di diversi indirizzi, in un quadro di stabilità costituzionale.

L'idea stessa che una Costituzione «vecchia» di sessant'anni non sia, per questo, idonea a reggere il paese di oggi è un'idea profondamente sbagliata e antistorica: le migliori Costituzioni, nell'esperienza degli ultimi due secoli, si sono rivelate in genere quelle più «longeve», perché saldamente innervate nella coscienza della collettività e rese così capaci di costituire il quadro, tendenzialmente permanente e unitario, entro cui la società può ricercare in libertà e in equilibrio i progressi e i cambiamenti necessari.

Costituzione «materiale»?

La critica del sistema costituzionale è stata spesso accompagnata dalla tesi, secondo cui vivrebbe in Italia una Costituzione «materiale», diversa da quella scritta o «formale» e spesso in contrasto con essa, che avrebbe svuotato quest'ultima. Di qui, si può arrivare a concludere che anche la Costituzione «formale» va rifatta.

Si tratta però di una tesi ambigua e per certi versi pericolosa. Non che certe critiche, ad esempio, al ruolo pervasivo assunto dai partiti (in passato: oggi i partiti «pigliatutto» sono scomparsi, e semmai il problema è quello della perdita del loro ruolo di mediazione), non contenessero elementi di verità, che mettevano in luce effetti di distorsione del sistema rispetto a quello che si considerava come funzionamento ideale. Ma ciò non ha nulla a che fare con la presunta esistenza di una Costituzione «materiale» diversa e contrapposta a quella «formale». Questa formulazione riecheggia, in versione involgarita, la terminologia usata da un noto costituzionalista e giudice costituzionale, Costantino Mortati, per sottolineare il rilievo che ha, per la vitalità di qualsiasi Costituzione, l'esistenza di forze sociali che ne sostengano e ne attuino i valori (l'esistenza e i fini di queste forze rappresenterebbero la cosiddetta «Costituzione materiale»).

Ma la Costituzione è una sola; le norme in essa scritte possono essere intese e applicate in un senso o in un altro, possono essere osservate costantemente, o talvolta non osservate, o anche costantemente non osservate, se i meccanismi di garanzia e di sanzione che la stessa Costituzione appresta per reagire alle violazioni non funzionano. La «materialità» dei comportamenti dei protagonisti, scissa dal riferimento alle norme che li regolano e quindi da un rapporto di conformità o non conformità ad esse, non è mai Costituzione, almeno fino al giorno in cui si forma, opera ed è garantita una nuova regola ad essi conforme.

È vero solo che, ove venga meno nella società un consenso sufficientemente diffuso alla conservazione dell'ordinamento costituzionale, questo perde efficacia e vigore: e infatti nella storia si danno casi di Costituzioni nate morte o mai realmente applicate. Una norma di diritto intanto può dirsi efficace nella sua portata prescrittiva, in quanto la sua esistenza determini nei destinatari una condotta di almeno media osservanza: se questa manca, la norma è inefficace. Lo stesso può dirsi di un insieme di norme come la Costituzione. Ma ciò suppone appunto una radicale inosservanza, e il non funzionamento dei meccanismi intesi a garantire tale osservanza. In questo caso la Costituzione, anche quella cosiddetta «formale», in realtà non esiste come insieme di norme giuridiche, anche se può esistere come serie di enunciati verbali scritti in un documento. Non è questo, però, il caso della nostra Costituzione. Il processo della sua attuazione è stato lungo e controverso, ma – quanto meno per la parte organizzativa – si è infine sostanzialmente compiuto, anche se il suo «rendimento» – come è inevitabile – resta in larga parte affidato alle caratteristiche e agli atteggiamenti delle forze politiche. Lo iato che all'inizio correva fra statuizioni della Costituzione e legislazione ordinaria ereditata dai periodi precedenti è stato nel tempo largamente sanato dalla nuova legislazione e da numerosi interventi della Corte costituzionale, che ha cancellato o riscritto o reinterpretato molte vecchie norme. La percezione della Costituzione come una sorta di sopravvenuto corpo estraneo nell'ordinamento non corrisponde ormai da tempo alla realtà, specie dopo quasi cinquant'anni di giurisprudenza della Corte costituzionale (che in nome di questa Costituzione ha reso più di 16.000 pronunce), e dopo che in tutte le magistrature si è pienamente sviluppata ed accresciuta la sensibilità costituzionale.

La Costituzione dopo il maggioritario

Una delle tesi spesso ricorrenti nei dibattiti sulle riforme è quella secondo cui la Costituzione del 1947 sarebbe fondamentalmente «proporzionalistica», cioè ispirata al presupposto della adozione di sistemi elettorali proporzionali per la formazione delle Camere. Essa sarebbe dunque «sfasata» rispetto alla scelta di sistemi maggioritari, che comporterebbe l'esigenza di cambiare anche la Costituzione.

In Italia fino al 1993 erano in vigore a tutti i livelli sistemi proporzionalistici. Da allora, principalmente a seguito degli impulsi venuti dal successo di alcuni referendum abrogativi (1991 e soprattutto 1993) sono stati adottati sistemi con più o meno forti connotati maggioritari: nelle elezioni delle Camere con l'attribuzione di tre quarti dei seggi in collegi uninominali in cui risultava eletto il candidato più votato; nelle Regioni, nelle Province e nei Comuni con l'attribuzione di «premi di maggioranza» alla coalizione vincente, collegata al capo dell'esecutivo eletto direttamente. Il sistema elettorale delle Camere è stato nuovamente «rivoluzionato» nel 2005, abolendo i collegi uninominali e prevedendo solo un voto di lista senza preferenze, e la distribuzione proporzionale dei seggi, ma con un premio di maggioranza a favore della coalizione vincente.

La stessa evoluzione legislativa accennata smentisce la tesi della «incoerenza» fra Costituzione e sistemi elettorali maggioritari. È un'affermazione frutto di una sorta di illusione ottica: poiché per quasi cinquant'anni la Costituzione ha funzionato in un contesto caratterizzato da sistemi elettorali proporzionali, cui si adattavano i comportamenti delle forze politiche, anch'essa veniva vista come legata a quel contesto. La verità è che il sistema elettorale può cambiare, senza che ciò implichi modifiche del quadro costituzionale.

Dal punto di vista testuale la Costituzione non offre argomenti alla tesi di un legame stretto con il proporzionalismo. Essa, come sappiamo, non si occupa dei modi di eleggere le Camere, se non per stabilire che entrambe sono elette a suffragio universale e diretto (art. 56, primo comma, e art. 58, primo comma) e che il Senato è eletto «a base regionale» (art. 57, primo comma: il che esclude l'attribuzione di seggi in un collegio unico nazionale, caratteristico di molti sistemi proporzionali). Volutamente l'Assemblea costituente lasciò alla legge ordinaria – più facilmente modificabile – il compito di disciplinare i sistemi elettorali: essa scelse poi, per la Camera dei deputati, il sistema proporzionale a liste concorrenti già impiegato nel 1946 per eleggere la stessa Assemblea costituente; e per il Senato raccomandò, in un ordine del giorno del 1947, l'adozione di collegi uninominali (sistema dunque di per sé tipicamente maggioritario), pur se poi, in concreto, il sistema adottato comportò l'attribuzione della quasi totalità dei seggi in modo proporzionale su base regionale.

In ogni caso, queste scelte restavano valide solo fino a quando una legge ordinaria non le avesse riviste, come infatti è accaduto nel 1993 e da ultimo nel 2005 (e forse fra breve accadrà di nuovo). Se fosse vero che la Costituzione presuppone, sia pure implicitamente, l'adozione di sistemi proporzionali, ciò non sarebbe stato possibile.

Del resto oggi il sistema elettorale funziona ormai in senso fondamentalmente maggioritario; due coalizioni, pur composite e spesso conflittuali al loro interno, si contendono il consenso elettorale; quella che ottiene la maggioranza in Parlamento non solo esprime il Governo, tendenzialmente per l'intera legislatura, ma è in grado di determinare gli indirizzi della legislazione. La contrapposizione maggioranza-opposizione è oggi la cifra assolutamente dominante in Parlamento, con toni spesso esasperati, mentre stentano a trovare spazio le esigenze di dialogo e di collaborazione fra le parti. Una situazione, dunque, persino opposta a quella che i critici della Costituzione «compromissoria» e «proporzionalistica» additavano come effetto perverso di quest'ultima.

In realtà la Costituzione consente l'adozione di qualsiasi sistema elettorale, purché rispettoso dei principi fondamentali della democrazia. Il sistema di governo disegnato dalla Costituzione, a sua volta, è perfettamente in grado di funzionare quale che sia il modo concreto in cui si giunge, attraverso il voto, a determinare la composizione delle due Camere. Le uniche norme costituzionali il cui funzionamento pratico può essere influenzato dalle riforme elettorali sono quelle che prescrivono speciali maggioranze nelle assemblee parlamentari per adottare determinate deliberazioni o eleggere altri organi (il Capo dello Stato, alcuni componenti della Corte costituzionale e del Consiglio superiore della magistratura). Infatti con i sistemi di tipo maggioritario il partito o la coalizione di governo può godere in Parlamento di un numero di seggi ben superiore alla sua consistenza nel paese, e quindi potrebbe rivelarsi opportuno richiedere maggioranze parlamentari più elevate di quelle ora previste, se si intende favorire il coinvolgimento delle opposizioni, in funzione di garanzia, in certe votazioni. Ma per il resto, e specialmente per tutto ciò che riguarda il sistema dei rapporti fra Parlamento, Governo e Presidente della Repubblica, l'assetto costituzionale vigente non è per nulla incompatibile, né presenta alcuna «sfasatura», rispetto a sistemi elettorali che si discostino più o meno ampiamente dal criterio proporzionalistico.

La Costituzione dopo il tramonto della generazione costituente

Di per sé, come si è detto, non è fondata l'idea che una Costituzione «vecchia» di sessant'anni non sia, per questo, più adatta a reggere il paese di oggi. L'attualità della Costituzione non si misura sul metro di ciò che nella società cambia ed è soggetto a cambiare: essa tende proprio a segnare ciò che resta e deve restare.

In questo senso, la nostra Costituzione sta attraversando oggi, forse, la prova più delicata. Nata sessant'anni fa in un contesto storico e politico determinato, ha espresso tendenze e ideali di grande respiro, ponendosi come base per un'Italia pienamente inserita nella tradizione dei paesi democratici. Ha svolto, da allora, la sua funzione stabilizzante e unificante, accompagnando un paese in crescita impetuosa sotto il profilo economico e dell'istruzione; ha retto in momenti di tensione anche gravi, sul piano politico-parlamentare e sul piano della vita sociale e istituzionale (basti pensare all'epoca del terrorismo interno negli anni Settanta).

Oggi la generazione che ha voluto e ha scritto la Costituzione è al tramonto o è già tramontata. La maggioranza dei cittadini è costituita da persone nate quando la Costituzione era già in vigore. Di più, le esperienze politiche collettive da cui essa è nata, i partiti come li conoscevamo fino a dieci anni fa, sono scomparsi. È cambiato il mondo, è cambiata l'Italia. Nuove idee, nuovi criteri di aggregazione, nuovi stili politici, nuove modalità di formazione e di ricerca del consenso politico, si sono imposti. Ma le idee di fondo che costituiscono il patrimonio costituzionale non sono passate.

La scommessa sulla tenuta della Costituzione è la scommessa sulla permanente vitalità di questo patrimonio, sulla capacità del paese di non disperderlo, e di non disperdere la memoria storica che ne testimonia il valore e consente di trasmetterlo di generazione in generazione.

Gli americani, popolo «giovane», hanno una Costituzione «vecchia» di oltre duecento anni, e nutrono per essa una grande «reverenza» (*Why we revere the Constitution* è il titolo di un saggio di Warren E. Burger, presidente della Corte suprema degli Stati Uniti fino al 1986, premesso ad una moderna edizione della Costituzione americana). Gli inglesi, la cui Costituzione è la più vecchia di tutte, perché non è scritta in nessun testo, discutono periodicamente delle innovazioni da realizzare, ma nutrono per le loro tradizionali istituzioni grande rispetto e attaccamento. I tedeschi, che non avevano nemmeno chiamato «Costituzione» ma «Legge fondamentale» il testo pensato dopo la Seconda guerra mondiale per durare solo fino alla attesa riunificazione del paese, si tengono oggi saldamente fermi, compiuta la riunificazione, a quella stessa Carta. La nostra Costituzione ha oltre mezzo secolo, ed è ormai fra le più longeve al mondo: l'auspicio è che sappiamo farne tesoro anche per il nostro futuro.

Per saperne di più

Il testo completo e aggiornato della Costituzione si può leggere in varie edizioni (anche se forse manca, e sarebbe auspicabile, una edizione di pregio), oltre che in molti codici e raccolte di leggi: v. per esempio *La Costituzione della Repubblica italiana nel testo vigente*, a cura di M. Siclari, Roma, Aracne, 2003; *Costituzione della Repubblica italiana e leggi sulla Corte costituzionale e sul referendum*, a cura di L. Califano, Santarcangelo di Romagna, Maggioli, 2003[3]. Si può anche leggere, ad esempio, nei siti web della Corte costituzionale www.cortecostituzionale.it, e della Presidenza della Repubblica www.quirinale.it.

Il testo originario della Costituzione è riprodotto, accompagnato dall'analisi dei termini impiegati, in *La Costituzione della Repubblica italiana del 1947: testo, concordanze, indici*, a cura di A.M. Bartoletti Colombo, Firenze, Istituto per la documentazione giuridica del Consiglio nazionale delle ricerche, 1971; ed è pubblicato nella Gazzetta Ufficiale della Repubblica italiana, 27 dicembre 1947, n. 298, ed. straordinaria.

Gli Atti dell'Assemblea costituente, della Commissione per la Costituzione formata al suo interno e delle sue sottocommissioni, da cui risultano i lavori preparatori del testo costituzionale, sono pubblicati nei resoconti dell'Assemblea, e sono stati ripubblicati integralmente, limitatamente ai dibattiti sulla Costituzione, in *La Costituzione della Repubblica nei lavori preparatori dell'Assemblea Costituente*, Roma, Camera dei deputati, 1970-71, 8 voll. In particolare, alle pp. LVII ss. del I vol. si trova il progetto di

Costituzione approvato dalla Commissione e presentato all'Assemblea, e alle pp. 135 ss. dello stesso volume si legge il dibattito generale sul progetto svoltosi dal 4 al 12 marzo 1947, con gli interventi di rappresentanti di tutti i gruppi politici e di illustri deputati all'Assemblea, fra cui Bozzi, Calamandrei, Tupini, Basso, Saragat, Nitti, Orlando, Nenni, La Pira, Togliatti, Croce, Ruini.

Una sintesi dei lavori preparatori si legge in V. Carullo, *La Costituzione della Repubblica italiana* illustrata con i lavori preparatori, Bologna, Zuffi, 1950; e in *La Costituzione della Repubblica italiana: illustrata con i lavori preparatori e corredata da note e riferimenti*, a cura di V. Falzone, F. Palermo e F. Cosentino, Roma, Colombo, 1969[3]; ed. aggiornata a cura di S. Bartole, Milano, Mondadori, 1991.

Un profilo storico del processo costituente si trova nel saggio di P. Calamandrei, *Cenni introduttivi sulla Costituente e sui suoi lavori*, in *Commentario sistematico alla Costituzione italiana*, diretto da P. Calamandrei e A. Levi, Firenze, G. Barbera, 1950, vol. I, pp. LXXXIX ss.; più di recente, in E. Cheli, *Il problema storico della Costituente*, in *Costituzione e sviluppo delle istituzioni in Italia*, Bologna, Il Mulino, 1976; e in P. Scoppola, *Gli anni della Costituente fra politica e storia*, Bologna, Il Mulino, 1980.

Sulla Costituzione italiana nella storia del costituzionalismo v. M. Fioravanti, *Costituzione e popolo sovrano: la Costituzione italiana nella storia del costituzionalismo moderno*, Bologna, Il Mulino, 2004[2].

Il più ampio commentario ai singoli articoli della Costituzione è quello, in molti volumi, curato da G. Branca, *Commentario della Costituzione*, Bologna-Roma, Zanichelli, 1975 e ss. Da ultimo è stato pubblicato un *Commentario alla Costituzione* in tre volumi, a cura di R. Bifulco, A. Celotto e M. Olivetti, Torino, Utet, 2006, con contributi di molti giovani costituzionalisti italiani. Sintetico, ma con i riferimenti alla giurisprudenza della Corte costituzionale, il *Commentario breve alla Costituzione*, a cura di V. Crisafulli e L. Paladin, Padova, Cedam, 1990. Di taglio informativo-divulgativo *Stato della Costituzione*, a cura di

G. Neppi Modona, Milano, Il Saggiatore, 1998[3]. Esplicitamente diretto ad offrire una informazione di base rivolta ai non specialisti *La Costituzione per tutti*, a cura di P. Barile, P. Caretti e F. Margiotta Broglio, Milano, Sansoni, 1996.

Nella sterminata letteratura riguardante il dibattito sulla attualità e la riforma della Costituzione ci si limita a ricordare, tra i più recenti: *Cinquant'anni di Repubblica italiana*, a cura di G. Neppi Modona, Torino, Einaudi, 1996; A. Pizzorusso, *La Costituzione. I valori da conservare, le regole da cambiare*, Torino, Einaudi, 1996; P. Scoppola, *La Costituzione contesa*, Torino, Einaudi, 1998; E. Cheli, *La riforma mancata. Tradizione e innovazione nella Costituzione italiana*, Bologna, Il Mulino, 2000; E. Bettinelli, *La Costituzione della Repubblica italiana. Un classico giuridico*, Milano, Rcs, 2006. Una raccolta di opinioni e interventi sul progetto di riforma costituzionale sottoposto a referendum nel 2006, e non approvato, si trova in *Costituzione. Una riforma sbagliata. Il parere di sessantatre costituzionalisti*, a cura di F. Bassanini, Firenze, Passigli, 2004.

Si segnalano infine due siti web in cui è possibile leggere documenti e interventi sui temi costituzionali: quello del Forum della rivista «Quaderni costituzionali» (Il Mulino) http://web.unife.it/progetti/forumcostituzionale/ e il sito dell'Associazione italiana dei costituzionalisti www.associazionedeicostituzionalisti.it.

COSTITUZIONE
DELLA REPUBBLICA ITALIANA

COSTITUZIONE DELLA REPUBBLICA ITALIANA

(Gazzetta Ufficiale 27 dicembre 1947, n. 298).

IL CAPO PROVVISORIO DELLO STATO

Vista la deliberazione dell'Assemblea Costituente, che nella seduta del 22 dicembre 1947 ha approvato la Costituzione della Repubblica Italiana;
Vista la XVIII disposizione finale della Costituzione;

PROMULGA

La Costituzione della Repubblica Italiana nel seguente testo:

PRINCIPÎ FONDAMENTALI

Art. 1.

L'Italia è una Repubblica democratica, fondata sul lavoro.
La sovranità appartiene al popolo, che la esercita nelle forme e nei limiti della Costituzione.

Art. 2.

La Repubblica riconosce e garantisce i diritti inviolabili dell'uomo, sia come singolo sia nelle formazioni sociali ove si svolge la sua personalità, e richiede l'adempimento dei doveri inderogabili di solidarietà politica, economica e sociale.

Art. 3.

Tutti i cittadini hanno pari dignità sociale e sono eguali davanti alla legge, senza distinzione di sesso, di razza, di lingua, di religione, di opinioni politiche, di condizioni personali e sociali.

È compito della Repubblica rimuovere gli ostacoli di ordine economico e sociale, che, limitando di fatto la libertà e l'eguaglianza dei cittadini, impediscono il pieno sviluppo della persona umana e l'effettiva partecipazione di tutti i lavoratori all'organizzazione politica, economica e sociale del Paese.

Art. 4.

La Repubblica riconosce a tutti i cittadini il diritto al lavoro e promuove le condizioni che rendano effettivo questo diritto.

Ogni cittadino ha il dovere di svolgere, secondo le proprie possibilità e la propria scelta, un'attività o una funzione che concorra al progresso materiale o spirituale della società.

Art. 5.

La Repubblica, una e indivisibile, riconosce e promuove le autonomie locali; attua nei servizi che dipendono dallo Stato il più ampio decentramento amministrativo; adegua i principî ed i metodi della sua legislazione alle esigenze dell'autonomia e del decentramento.

Art. 6.

La Repubblica tutela con apposite norme le minoranze linguistiche.

Art. 7.

Lo Stato e la Chiesa cattolica sono, ciascuno nel proprio ordine, indipendenti e sovrani.

I loro rapporti sono regolati dai Patti Lateranensi. Le modificazioni dei Patti, accettate dalle due parti, non richiedono procedimento di revisione costituzionale.

Art. 8.

Tutte le confessioni religiose sono egualmente libere davanti alla legge.

Le confessioni religiose diverse dalla cattolica hanno diritto di organizzarsi secondo i propri statuti, in quanto non contrastino con l'ordinamento giuridico italiano.

I loro rapporti con lo Stato sono regolati per legge sulla base di intese con le relative rappresentanze.

Art. 9.

La Repubblica promuove lo sviluppo della cultura e la ricerca scientifica e tecnica.

Tutela il paesaggio e il patrimonio storico e artistico della Nazione.

Art. 10.

L'ordinamento giuridico italiano si conforma alle norme del diritto internazionale generalmente riconosciute.

La condizione giuridica dello straniero è regolata dalla legge in conformità delle norme e dei trattati internazionali.

Lo straniero, al quale sia impedito nel suo paese l'effettivo esercizio delle libertà democratiche garantite dalla Costituzione italiana, ha diritto d'asilo nel territorio della Repubblica, secondo le condizioni stabilite dalla legge.

Non è ammessa l'estradizione dello straniero per reati politici[1].

Art. 11.

L'Italia ripudia la guerra come strumento di offesa alla libertà degli altri popoli e come mezzo di risoluzione delle controversie internazionali; consente, in condizioni di parità con gli altri Stati, alle limitazioni di sovranità necessarie ad un ordinamento che assicuri la pace e la giustizia fra le Nazioni; promuove e favorisce le organizzazioni internazionali rivolte a tale scopo.

Art. 12

La bandiera della Repubblica è il tricolore italiano: verde, bianco e rosso, a tre bande verticali di eguali dimensioni.

PARTE I

DIRITTI E DOVERI DEI CITTADINI

TITOLO I
RAPPORTI CIVILI

Art. 13.

La libertà personale è inviolabile.

Non è ammessa forma alcuna di detenzione, di ispezione o perquisizione personale, né qualsiasi altra restrizione della libertà personale, se non per atto motivato dell'autorità giudiziaria e nei soli casi e modi previsti dalla legge.

In casi eccezionali di necessità ed urgenza, indicati tassativamente dalla legge, l'autorità di pubblica sicurezza può adottare provvedimenti provvisori, che devono essere comunicati entro quarantotto ore all'autorità giudiziaria e, se questa non li convalida nelle successive quarantotto ore, si intendono revocati e restano privi di ogni effetto.

È punita ogni violenza fisica e morale sulle persone comunque sottoposte a restrizioni di libertà.

La legge stabilisce i limiti massimi della carcerazione preventiva.

Art. 14.

Il domicilio è inviolabile.

Non vi si possono eseguire ispezioni o perquisizioni o sequestri, se non nei casi e modi stabiliti dalla legge secondo le garanzie prescritte per la tutela della libertà personale.

Gli accertamenti e le ispezioni per motivi di sanità e di incolumità pubblica o a fini economici e fiscali sono regolati da leggi speciali.

Art. 15.

La libertà e la segretezza della corrispondenza e di ogni altra forma di comunicazione sono inviolabili.

La loro limitazione può avvenire soltanto per atto motivato dell'autorità giudiziaria con le garanzie stabilite dalla legge.

Art. 16.

Ogni cittadino può circolare e soggiornare liberamente in qualsiasi parte del territorio nazionale, salvo le limitazioni che la legge stabilisce in via generale per motivi di sanità o di sicurezza. Nessuna restrizione può essere determinata da ragioni politiche.

Ogni cittadino è libero di uscire dal territorio della Repubblica e di rientrarvi, salvo gli obblighi di legge.

Art. 17.

I cittadini hanno diritto di riunirsi pacificamente e senz'armi.

Per le riunioni, anche in luogo aperto al pubblico, non è richiesto preavviso.

Delle riunioni in luogo pubblico deve essere dato preavviso alle autorità, che possono vietarle soltanto per comprovati motivi di sicurezza o di incolumità pubblica.

Art. 18.

I cittadini hanno diritto di associarsi liberamente, senza autorizzazione, per fini che non sono vietati ai singoli dalla legge penale.

Sono proibite le associazioni segrete e quelle che perseguono, anche indirettamente, scopi politici mediante organizzazioni di carattere militare.

Art. 19.

Tutti hanno diritto di professare liberamente la propria fede religiosa in qualsiasi forma, individuale o associata, di farne propaganda e di esercitarne in privato o in pubblico il culto, purché non si tratti di riti contrari al buon costume.

Art. 20.

Il carattere ecclesiastico e il fine di religione o di culto d'una associazione od istituzione non possono essere causa di speciali limitazioni legislative, né di speciali gravami fiscali per la sua costituzione, capacità giuridica e ogni forma di attività.

Art. 21.

Tutti hanno diritto di manifestare liberamente il proprio pensiero con la parola, lo scritto e ogni altro mezzo di diffusione.

La stampa non può essere soggetta ad autorizzazioni o censure.

Si può procedere a sequestro soltanto per atto motivato dell'autorità giudiziaria nel caso di delitti, per i quali la legge sulla stampa espressamente lo autorizzi, o nel caso di violazione delle norme che la legge stessa prescriva per l'indicazione dei responsabili.

In tali casi, quando vi sia assoluta urgenza e non sia possibile il tempestivo intervento dell'autorità giudiziaria, il sequestro della stampa periodica può essere eseguito da ufficiali di polizia giudiziaria, che devono immediatamente, e non mai oltre ventiquattro ore, fare denunzia all'autorità giudiziaria. Se questa non lo convalida nelle ventiquattro ore successive, il sequestro s'intende revocato e privo d'ogni effetto.

La legge può stabilire, con norme di carattere generale, che siano resi noti i mezzi di finanziamento della stampa periodica.

Sono vietate le pubblicazioni a stampa, gli spettacoli e tutte le altre manifestazioni contrarie al buon costume. La legge stabilisce provvedimenti adeguati a prevenire e a reprimere le violazioni.

Art. 22.

Nessuno può essere privato, per motivi politici, della capacità giuridica, della cittadinanza, del nome.

Art. 23.

Nessuna prestazione personale o patrimoniale può essere imposta se non in base alla legge.

Art. 24.

Tutti possono agire in giudizio per la tutela dei propri diritti e interessi legittimi.

La difesa è diritto inviolabile in ogni stato e grado del procedimento.

Sono assicurati ai non abbienti, con appositi istituti, i mezzi per agire e difendersi davanti ad ogni giurisdizione.

La legge determina le condizioni e i modi per la riparazione degli errori giudiziari.

Art. 25.

Nessuno può essere distolto dal giudice naturale precostituito per legge.

Nessuno può essere punito se non in forza di una legge che sia entrata in vigore prima del fatto commesso.

Nessuno può essere sottoposto a misure di sicurezza se non nei casi previsti dalla legge.

Art. 26.

L'estradizione del cittadino può essere consentita soltanto ove sia espressamente prevista dalle convenzioni internazionali.

Non può in alcun caso essere ammessa per reati politici[2].

Art. 27.

La responsabilità penale è personale.

L'imputato non è considerato colpevole sino alla condanna definitiva.

Le pene non possono consistere in trattamenti contrari al senso di umanità e devono tendere alla rieducazione del condannato.

Non è ammessa la pena di morte[3].

Art. 28.

I funzionari e i dipendenti dello Stato e degli enti pubblici sono direttamente responsabili, secondo le leggi penali, civili e amministrative, degli atti compiuti in violazione di diritti. In tali casi la responsabilità civile si estende allo Stato e agli enti pubblici.

TITOLO II
RAPPORTI ETICO-SOCIALI

Art. 29.

La Repubblica riconosce i diritti della famiglia come società naturale fondata sul matrimonio.

Il matrimonio è ordinato sull'eguaglianza morale e giuridica dei coniugi, con i limiti stabiliti dalla legge a garanzia dell'unità familiare.

Art. 30.

È dovere e diritto dei genitori mantenere, istruire ed educare i figli, anche se nati fuori del matrimonio.

Nei casi di incapacità dei genitori, la legge provvede a che siano assolti i loro compiti.

La legge assicura ai figli nati fuori del matrimonio ogni tutela giuridica e sociale, compatibile con i diritti dei membri della famiglia legittima.

La legge detta le norme e i limiti per la ricerca della paternità.

Art. 31.

La Repubblica agevola con misure economiche e altre provvidenze la formazione della famiglia e l'adempimento dei compiti relativi, con particolare riguardo alle famiglie numerose.

Protegge la maternità, l'infanzia e la gioventù, favorendo gli istituti necessari a tale scopo.

Art. 32.

La Repubblica tutela la salute come fondamentale diritto dell'individuo e interesse della collettività, e garantisce cure gratuite agli indigenti.

Nessuno può essere obbligato a un determinato trattamento sanitario se non per disposizione di legge. La legge non può in nessun caso violare i limiti imposti dal rispetto della persona umana.

Art. 33.

L'arte e la scienza sono libere e libero ne è l'insegnamento.

La Repubblica detta le norme generali sull'istruzione ed istituisce scuole statali per tutti gli ordini e gradi.

Enti e privati hanno il diritto di istituire scuole ed istituti di educazione, senza oneri per lo Stato.

La legge, nel fissare i diritti e gli obblighi delle scuole non statali che chiedono la parità, deve assicurare ad esse piena libertà e ai loro alunni un trattamento scolastico equipollente a quello degli alunni di scuole statali.

È prescritto un esame di Stato per l'ammissione ai vari ordini e gradi di scuole o per la conclusione di essi e per l'abilitazione all'esercizio professionale.

Le istituzioni di alta cultura, università ed accademie, hanno il diritto di darsi ordinamenti autonomi nei limiti stabiliti dalle leggi dello Stato.

Art. 34.

La scuola è aperta a tutti.

L'istruzione inferiore, impartita per almeno otto anni, è obbligatoria e gratuita.

I capaci e meritevoli, anche se privi di mezzi, hanno diritto di raggiungere i gradi più alti degli studi.

La Repubblica rende effettivo questo diritto con borse di studio, assegni alle famiglie ed altre provvidenze, che devono essere attribuite per concorso.

TITOLO III
RAPPORTI ECONOMICI

Art. 35.

La Repubblica tutela il lavoro in tutte le sue forme ed applicazioni.

Cura la formazione e l'elevazione professionale dei lavoratori.

Promuove e favorisce gli accordi e le organizzazioni internazionali intesi ad affermare e regolare i diritti del lavoro.

Riconosce la libertà di emigrazione, salvo gli obblighi stabiliti dalla legge nell'interesse generale, e tutela il lavoro italiano all'estero.

Art. 36.

Il lavoratore ha diritto ad una retribuzione proporzionata alla quantità e qualità del suo lavoro e in ogni caso sufficiente ad assicurare a sé e alla famiglia un'esistenza libera e dignitosa.

La durata massima della giornata lavorativa è stabilita dalla legge.

Il lavoratore ha diritto al riposo settimanale e a ferie annuali retribuite, e non può rinunziarvi.

Art. 37.

La donna lavoratrice ha gli stessi diritti e, a parità di lavoro, le stesse retribuzioni che spettano al lavoratore. Le condizioni di lavoro devono consentire l'adempimento della sua essenziale funzione familiare e assicurare alla madre e al bambino una speciale adeguata protezione.

La legge stabilisce il limite minimo di età per il lavoro salariato.

La Repubblica tutela il lavoro dei minori con speciali norme e garantisce ad essi, a parità di lavoro, il diritto alla parità di retribuzione.

Art. 38.

Ogni cittadino inabile al lavoro e sprovvisto dei mezzi necessari per vivere ha diritto al mantenimento e all'assistenza sociale.

I lavoratori hanno diritto che siano preveduti ed assicurati mezzi adeguati alle loro esigenze di vita in caso di infortunio, malattia, invalidità e vecchiaia, disoccupazione involontaria.

Gli inabili ed i minorati hanno diritto all'educazione e all'avviamento professionale.

Ai compiti previsti in questo articolo provvedono organi ed istituti predisposti o integrati dallo Stato.

L'assistenza privata è libera.

Art. 39.

L'organizzazione sindacale è libera.

Ai sindacati non può essere imposto altro obbligo se non la loro registrazione presso uffici locali o centrali, secondo le norme di legge.

È condizione per la registrazione che gli statuti dei sindacati sanciscano un ordinamento interno a base democratica.

I sindacati registrati hanno personalità giuridica. Possono, rappresentati unitariamente in proporzione dei loro iscritti, stipulare contratti collettivi di lavoro con efficacia obbligatoria per tutti gli appartenenti alle categorie alle quali il contratto si riferisce.

Art. 40.

Il diritto di sciopero si esercita nell'ambito delle leggi che lo regolano.

Art. 41.

L'iniziativa economica privata è libera.

Non può svolgersi in contrasto con l'utilità sociale o in modo da recare danno alla sicurezza, alla libertà, alla dignità umana.

La legge determina i programmi e i controlli opportuni perché l'attività economica pubblica e privata possa essere indirizzata e coordinata a fini sociali.

Art. 42.

La proprietà è pubblica o privata. I beni economici appartengono allo Stato, ad enti o a privati.

La proprietà privata è riconosciuta e garantita dalla legge, che ne determina i modi di acquisto, di godimento e i limiti allo scopo di assicurarne la funzione sociale e di renderla accessibile a tutti.

La proprietà privata può essere, nei casi preveduti dalla legge, e salvo indennizzo, espropriata per motivi d'interesse generale.

La legge stabilisce le norme ed i limiti della successione legittima e testamentaria e i diritti dello Stato sulle eredità.

Art. 43.

A fini di utilità generale la legge può riservare originariamente o trasferire, mediante espropriazione e salvo indennizzo, allo Stato, ad enti pubblici o a comunità di lavoratori o di utenti determinate imprese o categorie di imprese, che si riferiscano a servizi pubblici essenziali o a fonti di energia o a situazioni di monopolio ed abbiano carattere di preminente interesse generale.

Art. 44.

Al fine di conseguire il razionale sfruttamento del suolo e di stabilire equi rapporti sociali, la legge impone obblighi e vincoli alla proprietà terriera privata, fissa limiti alla sua estensione secondo le regioni e le zone agrarie, promuove ed impone la bonifica delle terre, la trasformazione del latifondo e la ricostituzione delle unità produttive; aiuta la piccola e la media proprietà.

La legge dispone provvedimenti a favore delle zone montane.

Art. 45.

La Repubblica riconosce la funzione sociale della cooperazione a carattere di mutualità e senza fini di speculazione privata. La legge ne promuove e favorisce l'incremento con i mezzi più idonei e ne assicura, con gli opportuni controlli, il carattere e le finalità.

La legge provvede alla tutela e allo sviluppo dell'artigianato.

Art. 46.

Ai fini della elevazione economica e sociale del lavoro in armonia con le esigenze della produzione, la Repubblica riconosce il diritto dei lavoratori a collaborare, nei modi e nei limiti stabiliti dalle leggi, alla gestione delle aziende.

Art. 47.

La Repubblica incoraggia e tutela il risparmio in tutte le sue forme; disciplina, coordina e controlla l'esercizio del credito.

Favorisce l'accesso del risparmio popolare alla proprietà dell'abitazione, alla proprietà diretta coltivatrice e al diretto e indiretto investimento azionario nei grandi complessi produttivi del Paese.

TITOLO IV
RAPPORTI POLITICI

Art. 48.

Sono elettori tutti i cittadini, uomini e donne, che hanno raggiunto la maggiore età.

Il voto è personale ed eguale, libero e segreto. Il suo esercizio è dovere civico.

La legge stabilisce requisiti e modalità per l'esercizio del diritto di voto dei cittadini residenti all'estero e ne assicura l'effettività. A tale fine è istituita una circoscrizione Estero per l'elezione delle Camere, alla quale sono assegnati seggi nel numero stabilito da norma costituzionale e secondo criteri determinati dalla legge[4].

Il diritto di voto non può essere limitato se non per incapacità civile o per effetto di sentenza penale irrevocabile o nei casi di indegnità morale indicati dalla legge.

Art. 49.

Tutti i cittadini hanno diritto di associarsi liberamente in partiti per concorrere con metodo democratico a determinare la politica nazionale.

Art. 50.

Tutti i cittadini possono rivolgere petizioni alle Camere per chiedere provvedimenti legislativi o esporre comuni necessità.

Art. 51.

Tutti i cittadini dell'uno o dell'altro sesso possono accedere agli uffici pubblici e alle cariche elettive in condizioni di eguaglianza, secondo i requisiti stabiliti dalla legge. A tale fine la Repubblica promuove con appositi provvedimenti le pari opportunità tra donne e uomini[5].

La legge può, per l'ammissione ai pubblici uffici e alle cariche elettive, parificare ai cittadini gli italiani non appartenenti alla Repubblica.

Chi è chiamato a funzioni pubbliche elettive ha diritto di disporre del tempo necessario al loro adempimento e di conservare il suo posto di lavoro.

Art. 52.

La difesa della Patria è sacro dovere del cittadino.

Il servizio militare è obbligatorio nei limiti e modi stabiliti dalla legge. Il suo adempimento non pregiudica la posizione di lavoro del cittadino, né l'esercizio dei diritti politici.

L'ordinamento delle Forze armate si informa allo spirito democratico della Repubblica.

Art. 53.

Tutti sono tenuti a concorrere alle spese pubbliche in ragione della loro capacità contributiva.

Il sistema tributario è informato a criteri di progressività.

Art. 54.

Tutti i cittadini hanno il dovere di essere fedeli alla Repubblica e di osservarne la Costituzione e le leggi.

I cittadini cui sono affidate funzioni pubbliche hanno il dovere di adempierle con disciplina ed onore, prestando giuramento nei casi stabiliti dalla legge.

PARTE II

ORDINAMENTO DELLA REPUBBLICA

TITOLO I
IL PARLAMENTO

Sezione I
Le Camere.

Art. 55.

Il Parlamento si compone della Camera dei deputati e del Senato della Repubblica.

Il Parlamento si riunisce in seduta comune dei membri delle due Camere nei soli casi stabiliti dalla Costituzione.

Art. 56[6].

La Camera dei deputati è eletta a suffragio universale e diretto.

Il numero dei deputati è di seicentotrenta, dodici dei quali eletti nella circoscrizione Estero.

Sono eleggibili a deputati tutti gli elettori che nel giorno delle elezioni hanno compiuto i venticinque anni di età.

La ripartizione dei seggi tra le circoscrizioni, fatto salvo il numero dei seggi assegnati alla circoscrizione Estero, si effettua dividendo il numero degli abitanti della Repubblica, quale risulta dall'ultimo censimento generale della popolazione, per seicentodiciotto e distribuendo i seggi in proporzione alla popolazione di ogni circoscrizione, sulla base dei quozienti interi e dei più alti resti.

Art. 57[7].

Il Senato della Repubblica è eletto a base regionale, salvi i seggi assegnati alla circoscrizione Estero.

Il numero dei senatori elettivi è di trecentoquindici, sei dei quali eletti nella circoscrizione Estero.

Nessuna Regione può avere un numero di senatori inferiore a sette; il Molise ne ha due, la Valle d'Aosta uno.

La ripartizione dei seggi tra le Regioni, fatto salvo il numero dei seggi assegnati alla circoscrizione Estero, previa applicazione delle disposizioni del precedente comma, si effettua in proporzione alla popolazione delle Regioni, quale risulta dall'ultimo censimento generale, sulla base dei quozienti interi e dei più alti resti.

Art. 58.

I senatori sono eletti a suffragio universale e diretto dagli elettori che hanno superato il venticinquesimo anno di età.

Sono eleggibili a senatori gli elettori che hanno compiuto il quarantesimo anno.

Art. 59.

È senatore di diritto e a vita, salvo rinunzia, chi è stato Presidente della Repubblica.

Il Presidente della Repubblica può nominare senatori a vita cinque cittadini che hanno illustrato la Patria per altissimi meriti nel campo sociale, scientifico, artistico e letterario.

Art. 60.

La Camera dei deputati e il Senato della Repubblica sono eletti per cinque anni[8].

La durata di ciascuna Camera non può essere prorogata se non per legge e soltanto in caso di guerra.

Art. 61.

Le elezioni delle nuove Camere hanno luogo entro settanta giorni dalla fine delle precedenti. La prima riunione ha luogo non oltre il ventesimo giorno dalle elezioni.

Finché non siano riunite le nuove Camere sono prorogati i poteri delle precedenti.

Art. 62.

Le Camere si riuniscono di diritto il primo giorno non festivo di febbraio e di ottobre.

Ciascuna Camera può essere convocata in via straordinaria per iniziativa del suo Presidente o del Presidente della Repubblica o di un terzo dei suoi componenti.

Quando si riunisce in via straordinaria una Camera, è convocata di diritto anche l'altra.

Art. 63.

Ciascuna Camera elegge fra i suoi componenti il Presidente e l'Ufficio di presidenza.

Quando il Parlamento si riunisce in seduta comune, il Presidente e l'Ufficio di presidenza sono quelli della Camera dei deputati.

Art. 64.

Ciascuna Camera adotta il proprio regolamento a maggioranza assoluta dei suoi componenti.

Le sedute sono pubbliche; tuttavia ciascuna delle due Camere e il Parlamento a Camere riunite possono deliberare di adunarsi in seduta segreta.

Le deliberazioni di ciascuna Camera e del Parlamento non sono valide se non è presente la maggioranza dei loro componenti, e se non sono adottate a maggioranza dei presenti, salvo che la Costituzione prescriva una maggioranza speciale.

I membri del Governo, anche se non fanno parte delle Camere, hanno diritto, e se richiesti obbligo, di assistere alle sedute. Devono essere sentiti ogni volta che lo richiedono.

Art. 65.

La legge determina i casi di ineleggibilità e di incompatibilità con l'ufficio di deputato o di senatore.

Nessuno può appartenere contemporaneamente alle due Camere.

Art. 66.

Ciascuna Camera giudica dei titoli di ammissione dei suoi componenti e delle cause sopraggiunte di ineleggibilità e di incompatibilità.

Art. 67.

Ogni membro del Parlamento rappresenta la Nazione ed esercita le sue funzioni senza vincolo di mandato.

Art. 68[9].

I membri del Parlamento non possono essere chiamati a rispondere delle opinioni espresse e dei voti dati nell'esercizio delle loro funzioni.

Senza autorizzazione della Camera alla quale appartiene, nessun membro del Parlamento può essere sottoposto a perquisizione personale o domiciliare, né può essere arrestato o altrimenti privato della libertà personale, o mantenuto in detenzione, salvo che in esecuzione di una sentenza irrevocabile di condanna, ovvero se sia colto nell'atto di commettere un delitto per il quale è previsto l'arresto obbligatorio in flagranza.

Analoga autorizzazione è richiesta per sottoporre i membri del Parlamento ad intercettazioni, in qualsiasi forma, di conversazioni o comunicazioni e a sequestro di corrispondenza.

Art. 69.

I membri del Parlamento ricevono una indennità stabilita dalla legge.

Sezione II
La formazione delle leggi.

Art. 70.

La funzione legislativa è esercitata collettivamente dalle due Camere.

Art. 71.

L'iniziativa delle leggi appartiene al Governo, a ciascun membro delle Camere ed agli organi ed enti ai quali sia conferita da legge costituzionale.

Il popolo esercita l'iniziativa delle leggi, mediante la proposta, da parte di almeno cinquantamila elettori, di un progetto redatto in articoli.

Art. 72.

Ogni disegno di legge, presentato ad una Camera è, secondo le norme del suo regolamento, esaminato da una commissione e poi dalla Camera stessa, che l'approva articolo per articolo e con votazione finale.

Il regolamento stabilisce procedimenti abbreviati per i disegni di legge dei quali è dichiarata l'urgenza.

Può altresì stabilire in quali casi e forme l'esame e l'approvazione dei disegni di legge sono deferiti a commissioni, anche permanenti, composte in modo da rispecchiare la proporzione dei gruppi parlamentari. Anche in tali casi, fino al momento della sua approvazione definitiva, il disegno di legge è rimesso alla Camera, se il Governo o un decimo dei componenti della Camera o un quinto della commissione richiedono che sia discusso o votato dalla Camera stessa oppure che sia sottoposto alla sua approvazione finale con sole dichiarazioni di voto. Il regolamento determina le forme di pubblicità dei lavori delle commissioni.

La procedura normale di esame e di approvazione diretta da parte della Camera è sempre adottata per i disegni di legge in materia costituzionale ed elettorale e per quelli di delegazione legislativa, di autorizzazione a ratificare trattati internazionali, di approvazione di bilanci e consuntivi.

Art. 73.

Le leggi sono promulgate dal Presidente della Repubblica entro un mese dall'approvazione.

Se le Camere, ciascuna a maggioranza assoluta dei propri componenti, ne dichiarano l'urgenza, la legge è promulgata nel termine da essa stabilito.

Le leggi sono pubblicate subito dopo la promulgazione ed entrano in vigore il quindicesimo giorno successivo alla loro pubblicazione, salvo che le leggi stesse stabiliscano un termine diverso.

Art. 74.

Il Presidente della Repubblica, prima di promulgare la legge, può con messaggio motivato alle Camere chiedere una nuova deliberazione.

Se le Camere approvano nuovamente la legge, questa deve essere promulgata.

Art. 75.

È indetto *referendum* popolare per deliberare l'abrogazione, totale o parziale, di una legge o di un atto avente valore di legge, quando lo richiedono cinquecentomila elettori o cinque Consigli regionali.

Non è ammesso il *referendum* per le leggi tributarie e di bilancio, di amnistia e di indulto, di autorizzazione a ratificare trattati internazionali.

Hanno diritto di partecipare al *referendum* tutti i cittadini chiamati ad eleggere la Camera dei deputati.

La proposta soggetta a *referendum* è approvata se ha partecipato alla votazione la maggioranza degli aventi diritto, e se è raggiunta la maggioranza dei voti validamente espressi.

La legge determina le modalità di attuazione del *referendum*.

Art. 76.

L'esercizio della funzione legislativa non può essere delegato al Governo se non con determinazione di principî e criteri direttivi e soltanto per tempo limitato e per oggetti definiti.

Art. 77.

Il Governo non può, senza delegazione delle Camere, emanare decreti che abbiano valore di legge ordinaria.

Quando, in casi straordinari di necessità e d'urgenza, il Governo adotta, sotto la sua responsabilità, provvedimenti provvisori con forza di legge, deve il giorno stesso presentarli per la conversione alle Camere che, anche se sciolte, sono appositamente convocate e si riuniscono entro cinque giorni.

I decreti perdono efficacia sin dall'inizio, se non sono convertiti in legge entro sessanta giorni dalla loro pubblicazione. Le Camere possono tuttavia regolare con legge i rapporti giuridici sorti sulla base dei decreti non convertiti.

Art. 78.

Le Camere deliberano lo stato di guerra e conferiscono al Governo i poteri necessari.

Art. 79[10].

L'amnistia e l'indulto sono concessi con legge deliberata a maggioranza dei due terzi dei componenti di ciascuna Camera, in ogni suo articolo e nella votazione finale.

La legge che concede l'amnistia o l'indulto stabilisce il termine per la loro applicazione.

In ogni caso l'amnistia e l'indulto non possono applicarsi ai reati commessi successivamente alla presentazione del disegno di legge.

Art. 80.

Le Camere autorizzano con legge la ratifica dei trattati internazionali che sono di natura politica, o prevedono arbitrati o regolamenti giudiziari, o importano variazioni del territorio od oneri alle finanze o modificazioni di leggi.

Art. 81.

Le Camere approvano ogni anno i bilanci e il rendiconto consuntivo presentati dal Governo.

L'esercizio provvisorio del bilancio non può essere concesso se non per legge e per periodi non superiori complessivamente a quattro mesi.

Con la legge di approvazione del bilancio non si possono stabilire nuovi tributi e nuove spese.

Ogni altra legge che importi nuove o maggiori spese deve indicare i mezzi per farvi fronte.

Art. 82.

Ciascuna Camera può disporre inchieste su materie di pubblico interesse.

A tale scopo nomina fra i propri componenti una commissione formata in modo da rispecchiare la proporzione dei vari gruppi. La commissione d'inchiesta procede alle indagini e agli esami con gli stessi poteri e le stesse limitazioni dell'autorità giudiziaria.

TITOLO II
IL PRESIDENTE DELLA REPUBBLICA

Art. 83.

Il Presidente della Repubblica è eletto dal Parlamento in seduta comune dei suoi membri.

All'elezione partecipano tre delegati per ogni Regione eletti dal Consiglio regionale in modo che sia assicurata la rappresentanza delle minoranze. La Valle d'Aosta ha un solo delegato.

L'elezione del Presidente della Repubblica ha luogo per scrutinio segreto a maggioranza di due terzi della assemblea. Dopo il terzo scrutinio è sufficiente la maggioranza assoluta.

Art. 84.

Può essere eletto Presidente della Repubblica ogni cittadino che abbia compiuto cinquanta anni d'età e goda dei diritti civili e politici.

L'ufficio di Presidente della Repubblica è incompatibile con qualsiasi altra carica.

L'assegno e la dotazione del Presidente sono determinati per legge.

Art. 85.

Il Presidente della Repubblica è eletto per sette anni.

Trenta giorni prima che scada il termine il Presidente della Camera dei deputati convoca in seduta comune il Parlamento e i delegati regionali, per eleggere il nuovo Presidente della Repubblica.

Se le Camere sono sciolte, o manca meno di tre mesi alla loro cessazione, la elezione ha luogo entro quindici giorni dalla riunione delle Camere nuove. Nel frattempo sono prorogati i poteri del Presidente in carica.

Art. 86.

Le funzioni del Presidente della Repubblica, in ogni caso che egli non possa adempierle, sono esercitate dal Presidente del Senato.

In caso di impedimento permanente o di morte o di dimissioni del Presidente della Repubblica, il Presidente della Camera dei deputati indice la elezione del nuovo Presidente della Repubblica entro quindici giorni, salvo il maggior termine previsto se le Camere sono sciolte o manca meno di tre mesi alla loro cessazione.

Art. 87.

Il Presidente della Repubblica è il capo dello Stato e rappresenta l'unità nazionale.

Può inviare messaggi alle Camere.

Indice le elezioni delle nuove Camere e ne fissa la prima riunione.

Autorizza la presentazione alle Camere dei disegni di legge di iniziativa del Governo.

Promulga le leggi ed emana i decreti aventi valore di legge e i regolamenti.

Indice il referendum popolare nei casi previsti dalla Costituzione.

Nomina, nei casi indicati dalla legge, i funzionari dello Stato.

Accredita e riceve i rappresentanti diplomatici, ratifica i trattati internazionali, previa, quando occorra, l'autorizzazione delle Camere.

Ha il comando delle Forze armate, presiede il Consiglio supremo di difesa costituito secondo la legge, dichiara lo stato di guerra deliberato dalle Camere.

Presiede il Consiglio superiore della magistratura.

Può concedere grazia e commutare le pene.

Conferisce le onorificenze della Repubblica.

Art. 88.

Il Presidente della Repubblica può, sentiti i loro Presidenti, sciogliere le Camere o anche una sola di esse.

Non può esercitare tale facoltà negli ultimi sei mesi del suo mandato, salvo che essi coincidano in tutto o in parte con gli ultimi sei mesi della legislatura[11].

Art. 89.

Nessun atto del Presidente della Repubblica è valido se non è controfirmato dai ministri proponenti, che ne assumono la responsabilità.

Gli atti che hanno valore legislativo e gli altri indicati dalla legge sono controfirmati anche dal Presidente del Consiglio dei ministri.

Art. 90.

Il Presidente della Repubblica non è responsabile degli atti compiuti nell'esercizio delle sue funzioni, tranne che per alto tradimento o per attentato alla Costituzione.

In tali casi è messo in stato di accusa dal Parlamento in seduta comune, a maggioranza assoluta dei suoi membri.

Art. 91.

Il Presidente della Repubblica, prima di assumere le sue funzioni, presta giuramento di fedeltà alla Repubblica e di osservanza della Costituzione dinanzi al Parlamento in seduta comune.

TITOLO III
IL GOVERNO

Sezione I
Il Consiglio dei ministri.

Art. 92.

Il Governo della Repubblica è composto del Presidente del Consiglio e dei ministri, che costituiscono insieme il Consiglio dei ministri.

Il Presidente della Repubblica nomina il Presidente del Consiglio dei ministri e, su proposta di questo, i ministri.

Art. 93.

Il Presidente del Consiglio dei ministri e i ministri, prima di assumere le funzioni, prestano giuramento nelle mani del Presidente della Repubblica.

Art. 94.

Il Governo deve avere la fiducia delle due Camere.

Ciascuna Camera accorda o revoca la fiducia mediante mozione motivata e votata per appello nominale.

Entro dieci giorni dalla sua formazione il Governo si presenta alle Camere per ottenerne la fiducia.

Il voto contrario di una o d'entrambe le Camere su una proposta del Governo non importa obbligo di dimissioni.

La mozione di sfiducia deve essere firmata da almeno un decimo dei componenti della Camera e non può essere messa in discussione prima di tre giorni dalla sua presentazione.

Art. 95.

Il Presidente del Consiglio dei ministri dirige la politica generale del Governo e ne è responsabile. Mantiene l'unità di indirizzo politico ed amministrativo, promovendo e coordinando l'attività dei ministri.

I ministri sono responsabili collegialmente degli atti del Consiglio dei ministri, e individualmente degli atti dei loro dicasteri.

La legge provvede all'ordinamento della Presidenza del Consiglio e determina il numero, le attribuzioni e l'organizzazione dei ministeri.

Art. 96[12].

Il Presidente del Consiglio dei ministri ed i ministri, anche se cessati dalla carica, sono sottoposti, per i reati commessi nell'esercizio delle loro funzioni, alla giurisdizione ordinaria, previa autorizzazione del Senato della Repubblica o della Camera dei deputati, secondo le norme stabilite con legge costituzionale.

Sezione II
La Pubblica Amministrazione.

Art. 97.

I pubblici uffici sono organizzati secondo disposizioni di legge, in modo che siano assicurati il buon andamento e l'imparzialità dell'amministrazione.

Nell'ordinamento degli uffici sono determinate le sfere di competenza, le attribuzioni e le responsabilità proprie dei funzionari.

Agli impieghi nelle pubbliche amministrazioni si accede mediante concorso, salvo i casi stabiliti dalla legge.

Art. 98.

I pubblici impiegati sono al servizio esclusivo della Nazione.

Se sono membri del Parlamento, non possono conseguire promozioni se non per anzianità.

Si possono con legge stabilire limitazioni al diritto d'iscriversi ai partiti politici per i magistrati, i militari di carriera in servizio attivo, i funzionari ed agenti di polizia, i rappresentanti diplomatici e consolari all'estero.

Sezione III
Gli organi ausiliari.

Art. 99.

Il Consiglio nazionale dell'economia e del lavoro è composto, nei modi stabiliti dalla legge, di esperti e di rappresentanti delle categorie produttive, in misura che tenga conto della loro importanza numerica e qualitativa.

È organo di consulenza delle Camere e del Governo per le materie e secondo le funzioni che gli sono attribuite dalla legge.

Ha l'iniziativa legislativa e può contribuire alla elaborazione della legislazione economica e sociale secondo i principî ed entro i limiti stabiliti dalla legge.

Art. 100.

Il Consiglio di Stato è organo di consulenza giuridico-amministrativa e di tutela della giustizia nell'amministrazione.

La Corte dei conti esercita il controllo preventivo di legittimità sugli atti del Governo, e anche quello successivo sulla gestione del bilancio dello Stato. Partecipa, nei casi e nelle forme stabiliti dalla legge, al controllo sulla gestione finanziaria degli enti a cui lo Stato contribuisce in via ordinaria. Riferisce direttamente alle Camere sul risultato del riscontro eseguito.

La legge assicura l'indipendenza dei due Istituti e dei loro componenti di fronte al Governo.

TITOLO IV
LA MAGISTRATURA

SEZIONE I
Ordinamento giurisdizionale.

Art. 101.

La giustizia è amministrata in nome del popolo.
I giudici sono soggetti soltanto alla legge.

Art. 102.

La funzione giurisdizionale è esercitata da magistrati ordinari istituiti e regolati dalle norme sull'ordinamento giudiziario.

Non possono essere istituiti giudici straordinari o giudici speciali. Possono soltanto istituirsi presso gli organi giudiziarî ordinari sezioni specializzate per determinate materie, anche con la partecipazione di cittadini idonei estranei alla magistratura.

La legge regola i casi e le forme della partecipazione diretta del popolo all'amministrazione della giustizia.

Art. 103.

Il Consiglio di Stato e gli altri organi di giustizia amministrativa hanno giurisdizione per la tutela nei confronti della pubblica amministrazione degli interessi legittimi e, in particolari materie indicate dalla legge, anche dei diritti soggettivi.

La Corte dei conti ha giurisdizione nelle materie di contabilità pubblica e nelle altre specificate dalla legge.

I tribunali militari in tempo di guerra hanno la giurisdizione stabilita dalla legge. In tempo di pace hanno giurisdizione soltanto per i reati militari commessi da appartenenti alle Forze armate.

Art. 104.

La magistratura costituisce un ordine autonomo e indipendente da ogni altro potere.

Il Consiglio superiore della magistratura è presieduto dal Presidente della Repubblica.

Ne fanno parte di diritto il primo presidente e il procuratore generale della Corte di cassazione.

Gli altri componenti sono eletti per due terzi da tutti i magistrati ordinari tra gli appartenenti alle varie categorie, e per un terzo dal Parlamento in seduta comune tra professori ordinari di università in materie giuridiche ed avvocati dopo quindici anni di esercizio.

Il Consiglio elegge un vice presidente fra i componenti designati dal Parlamento.

I membri elettivi del Consiglio durano in carica quattro anni e non sono immediatamente rieleggibili.

Non possono, finché sono in carica, essere iscritti negli albi professionali, né far parte del Parlamento o di un Consiglio regionale.

Art. 105.

Spettano al Consiglio superiore della magistratura, secondo le norme dell'ordinamento giudiziario, le assunzioni, le assegnazioni ed i trasferimenti, le promozioni e i provvedimenti disciplinari nei riguardi dei magistrati.

Art. 106.

Le nomine dei magistrati hanno luogo per concorso.

La legge sull'ordinamento giudiziario può ammettere la nomina, anche elettiva, di magistrati onorari per tutte le funzioni attribuite a giudici singoli.

Su designazione del Consiglio superiore della magistratura possono essere chiamati all'ufficio di consiglieri di cassazione, per meriti insigni, professori ordinari di università in materie giuridiche e avvocati che abbiano quindici anni d'esercizio e siano iscritti negli albi speciali per le giurisdizioni superiori.

Art. 107.

I magistrati sono inamovibili. Non possono essere dispensati o sospesi dal servizio né destinati ad altre sedi o funzioni[13] se non in seguito a decisione del Consiglio superiore della magistratura, adottata o per i motivi e con le garanzie di difesa stabilite dall'ordinamento giudiziario o con il loro consenso.

Il Ministro della giustizia ha facoltà di promuovere l'azione disciplinare.

I magistrati si distinguono fra loro soltanto per diversità di funzioni.

Il pubblico ministero gode delle garanzie stabilite nei suoi riguardi dalle norme sull'ordinamento giudiziario.

Art. 108.

Le norme sull'ordinamento giudiziario e su ogni magistratura sono stabilite con legge.

La legge assicura l'indipendenza dei giudici delle giurisdizioni speciali, del pubblico ministero presso di esse, e degli estranei che partecipano all'amministrazione della giustizia.

Art. 109.

L'autorità giudiziaria dispone direttamente della polizia giudiziaria.

Art. 110.

Ferme le competenze del Consiglio superiore della magistratura, spettano al Ministro della giustizia l'organizzazione e il funzionamento dei servizi relativi alla giustizia.

SEZIONE II
Norme sulla giurisdizione.

Art. 111[14].

La giurisdizione si attua mediante il giusto processo regolato dalla legge.

Ogni processo si svolge nel contraddittorio tra le parti, in condizioni di parità, davanti a giudice terzo e imparziale. La legge ne assicura la ragionevole durata.

Nel processo penale, la legge assicura che la persona accusata di un reato sia, nel più breve tempo possibile, informata riservatamente della natura e dei motivi dell'accusa elevata a suo carico; disponga del tempo e delle condizioni necessari per preparare la sua difesa;

abbia la facoltà, davanti al giudice, di interrogare o di far interrogare le persone che rendono dichiarazioni a suo carico, di ottenere la convocazione e l'interrogatorio di persone a sua difesa nelle stesse condizioni dell'accusa e l'acquisizione di ogni altro mezzo di prova a suo favore; sia assistita da un interprete se non comprende o non parla la lingua impiegata nel processo.

Il processo penale è regolato dal principio del contraddittorio nella formazione della prova. La colpevolezza dell'imputato non può essere provata sulla base di dichiarazioni rese da chi, per libera scelta, si è sempre volontariamente sottratto all'interrogatorio da parte dell'imputato o del suo difensore.

La legge regola i casi in cui la formazione della prova non ha luogo in contraddittorio per consenso dell'imputato o per accertata impossibilità di natura oggettiva o per effetto di provata condotta illecita.

Tutti i provvedimenti giurisdizionali devono essere motivati.

Contro le sentenze e contro i provvedimenti sulla libertà personale, pronunciati dagli organi giurisdizionali ordinari o speciali, è sempre ammesso ricorso in Cassazione per violazione di legge. Si può derogare a tale norma soltanto per le sentenze dei tribunali militari in tempo di guerra.

Contro le decisioni del Consiglio di Stato e della Corte dei conti il ricorso in Cassazione è ammesso per i soli motivi inerenti alla giurisdizione.

Art. 112.

Il pubblico ministero ha l'obbligo di esercitare l'azione penale.

Art. 113.

Contro gli atti della pubblica amministrazione è sempre ammessa la tutela giurisdizionale dei diritti e degli interessi legittimi dinanzi agli organi di giurisdizione ordinaria o amministrativa.

Tale tutela giurisdizionale non può essere esclusa o limitata a particolari mezzi di impugnazione o per determinate categorie di atti.

La legge determina quali organi di giurisdizione possono annullare gli atti della pubblica amministrazione nei casi e con gli effetti previsti dalla legge stessa.

TITOLO V
LE REGIONI, LE PROVINCIE, I COMUNI

Art. 114[15].

La Repubblica è costituita dai Comuni, dalle Province, dalle Città metropolitane, dalle Regioni e dallo Stato.

I Comuni, le Province, le Città metropolitane e le Regioni sono enti autonomi con propri statuti, poteri e funzioni secondo i principî fissati dalla Costituzione.

Roma è la capitale della Repubblica. La legge dello Stato disciplina il suo ordinamento.

Art. 115.

Abrogato[16].

Art. 116[17].

Il Friuli-Venezia Giulia, la Sardegna, la Sicilia, il Trentino-Alto Adige/Südtirol e la Valle d'Aosta/Vallée d'Aoste dispongono di forme e condizioni particolari di autonomia, secondo i rispettivi statuti speciali adottati con legge costituzionale.

La Regione Trentino-Alto Adige/Südtirol è costituita dalle Province autonome di Trento e di Bolzano.

Ulteriori forme e condizioni particolari di autonomia, concernenti le materie di cui al terzo comma dell'articolo 117 e le materie indicate dal secondo comma del medesimo articolo alle lettere l), limitatamente all'organizzazione della giustizia di pace, n) e s), possono essere attribuite ad altre Regioni, con legge dello Stato, su iniziativa della Regione interessata, sentiti gli enti locali, nel rispetto dei principî di cui all'articolo 119. La legge è approvata dalle Camere a maggioranza assoluta dei componenti, sulla base di intesa fra lo Stato e la Regione interessata.

Art. 117[18].

La potestà legislativa è esercitata dallo Stato e dalle Regioni nel rispetto della Costituzione, nonché dei vincoli derivanti dall'ordinamento comunitario e dagli obblighi internazionali.

Lo Stato ha legislazione esclusiva nelle seguenti materie:

a) politica estera e rapporti internazionali dello Stato; rapporti dello Stato con l'Unione europea; diritto di asilo e condizione giuridica dei cittadini di Stati non appartenenti all'Unione europea;

b) immigrazione;

c) rapporti tra la Repubblica e le confessioni religiose;

d) difesa e Forze armate; sicurezza dello Stato; armi, munizioni ed esplosivi;

e) moneta, tutela del risparmio e mercati finanziari; tutela della concorrenza; sistema valutario; sistema tributario e contabile dello Stato; perequazione delle risorse finanziarie;

f) organi dello Stato e relative leggi elettorali; referendum statali; elezione del Parlamento europeo;

g) ordinamento e organizzazione amministrativa dello Stato e degli enti pubblici nazionali;

h) ordine pubblico e sicurezza, ad esclusione della polizia amministrativa locale;

i) cittadinanza, stato civile e anagrafi;

l) giurisdizione e norme processuali; ordinamento civile e penale; giustizia amministrativa;

m) determinazione dei livelli essenziali delle prestazioni concernenti i diritti civili e sociali che devono essere garantiti su tutto il territorio nazionale;

n) norme generali sull'istruzione;

o) previdenza sociale;

p) legislazione elettorale, organi di governo e funzioni fondamentali di Comuni, Province e Città metropolitane;

q) dogane, protezione dei confini nazionali e profilassi internazionale;

r) pesi, misure e determinazione del tempo; coordinamento informativo statistico e informatico dei dati dell'amministrazione statale, regionale e locale; opere dell'ingegno;

s) tutela dell'ambiente, dell'ecosistema e dei beni culturali.

Sono materie di legislazione concorrente quelle relative a: rapporti internazionali e con l'Unione europea delle Regioni; commercio con l'estero; tutela e sicurezza del lavoro; istruzione, salva l'autonomia delle istituzioni scolastiche e con esclusione della istruzione e della formazione professionale; professioni; ricerca scientifica e tecnologica e sostegno all'innovazione per i settori produttivi; tutela della salute; alimentazione; ordinamento sportivo; protezione civile; governo del territorio; porti e aeroporti civili; grandi reti di trasporto e di navigazione; ordinamento della comunicazione; produzione, trasporto e distribuzione nazionale dell'energia; previdenza complementare e integrativa; armonizzazione dei bilanci pubblici e coordinamento della finanza pubblica e del sistema tributario; valorizzazione dei beni culturali e ambientali e promozione e organizzazione di attività culturali; casse di risparmio, casse rurali, aziende di credito a carattere regionale; enti di credito fondiario e agrario a carattere regionale. Nelle materie di legislazione concorrente spetta alle Regioni la potestà legislativa, salvo che per la determinazione dei principî fondamentali, riservata alla legislazione dello Stato.

Spetta alle Regioni la potestà legislativa in riferimento ad ogni materia non espressamente riservata alla legislazione dello Stato.

Le Regioni e le Province autonome di Trento e di Bolzano, nelle materie di loro competenza, partecipano alle decisioni dirette alla formazione degli atti normativi comunitari e provvedono all'attuazione e all'esecuzione degli accordi internazionali e degli atti dell'Unione europea, nel rispetto delle norme di procedura stabilite da legge dello Stato, che disciplina le modalità di esercizio del potere sostitutivo in caso di inadempienza.

La potestà regolamentare spetta allo Stato nelle materie di legislazione esclusiva, salva delega alle Regioni. La potestà regolamentare spetta alle Regioni in ogni altra materia. I Comuni, le Province e le Città metropolitane hanno potestà regolamentare in ordine alla disciplina dell'organizzazione e dello svolgimento delle funzioni loro attribuite.

Le leggi regionali rimuovono ogni ostacolo che impedisce la piena parità degli uomini e delle donne nella vita sociale, culturale ed economica e promuovono la parità di accesso tra donne e uomini alle cariche elettive.

La legge regionale ratifica le intese della Regione con altre Regioni per il migliore esercizio delle proprie funzioni, anche con individuazione di organi comuni.

Nelle materie di sua competenza la Regione può concludere accordi con Stati e intese con enti territoriali interni ad altro Stato, nei casi e con le forme disciplinati da leggi dello Stato.

Art. 118[19].

Le funzioni amministrative sono attribuite ai Comuni salvo che, per assicurarne l'esercizio unitario, siano conferite a Province, Città metropolitane, Regioni e Stato, sulla base dei principî di sussidiarietà, differenziazione ed adeguatezza.

I Comuni, le Province e le Città metropolitane sono titolari di funzioni amministrative proprie e di quelle conferite con legge statale o regionale, secondo le rispettive competenze.

La legge statale disciplina forme di coordinamento fra Stato e Regioni nelle materie di cui alle lettere b) e h) del secondo comma dell'articolo 117, e disciplina inoltre forme di intesa e coordinamento nella materia della tutela dei beni culturali.

Stato, Regioni, Città metropolitane, Province e Comuni favoriscono l'autonoma iniziativa dei cittadini, singoli e associati, per lo svolgimento di attività di interesse generale, sulla base del principio di sussidiarietà.

Art. 119[20].

I Comuni, le Province, le Città metropolitane e le Regioni hanno autonomia finanziaria di entrata e di spesa.

I Comuni, le Province, le Città metropolitane e le Regioni hanno risorse autonome. Stabiliscono e applicano tributi ed entrate propri, in armonia con la Costituzione e secondo i principî di coordinamento della finanza pubblica e del sistema tributario. Dispongono di compartecipazioni al gettito di tributi erariali riferibile al loro territorio.

La legge dello Stato istituisce un fondo perequativo, senza vincoli di destinazione, per i territori con minore capacità fiscale per abitante.

Le risorse derivanti dalle fonti di cui ai commi precedenti consentono ai Comuni, alle Province, alle Città metropolitane e alle Regioni di finanziare integralmente le funzioni pubbliche loro attribuite.

Per promuovere lo sviluppo economico, la coesione e la solidarietà sociale, per rimuovere gli squilibri economici e sociali, per favorire l'effettivo esercizio dei diritti della persona, o per provvedere a scopi diversi dal normale esercizio delle loro funzioni, lo Stato destina risorse aggiuntive ed effettua interventi speciali in favore di determinati Comuni, Province, Città metropolitane e Regioni.

I Comuni, le Province, le Città metropolitane e le Regioni hanno un proprio patrimonio, attribuito secondo i principî generali determinati dalla legge dello Stato. Possono ricorrere all'indebitamento solo per finanziare spese di investimento. E' esclusa ogni garanzia dello Stato sui prestiti dagli stessi contratti.

Art. 120[21].

La Regione non può istituire dazi di importazione o esportazione o transito tra le Regioni, né adottare provvedimenti che ostacolino in qualsiasi modo la libera circolazione delle persone e delle cose tra le Regioni, né limitare l'esercizio del diritto al lavoro in qualunque parte del territorio nazionale.

Il Governo può sostituirsi a organi delle Regioni, delle Città metropolitane, delle Province e dei Comuni nel caso di mancato rispetto di norme e trattati internazionali o della normativa comunitaria oppure di pericolo grave per l'incolumità e la sicurezza pubblica, ovvero quando lo richiedono la tutela dell'unità giuridica o dell'unità economica e in particolare la tutela dei livelli essenziali delle prestazioni concernenti i diritti civili e sociali, prescindendo dai confini territoriali dei governi locali. La legge definisce le procedure atte a garantire che i poteri sostitutivi siano esercitati nel rispetto del principio di sussidiarietà e del principio di leale collaborazione.

Art. 121[22].

Sono organi della Regione: il Consiglio regionale, la Giunta e il suo Presidente.

Il Consiglio regionale esercita le potestà legislative attribuite alla Regione e le altre funzioni conferitegli dalla Costituzione e dalle leggi. Può fare proposte di legge alle Camere.

La Giunta regionale è l'organo esecutivo delle Regioni.

Il Presidente della Giunta rappresenta la Regione; dirige la politica della Giunta e ne è responsabile; promulga le leggi ed emana i regolamenti regionali; dirige le funzioni amministrative delegate dallo Stato alla Regione, conformandosi alle istruzioni del Governo della Repubblica.

Art. 122[23].

Il sistema di elezione e i casi di ineleggibilità e di incompatibilità del Presidente e degli altri componenti della Giunta regionale nonché dei consiglieri regionali sono disciplinati con legge della Regione nei limiti dei principî fondamentali stabiliti con legge della Repubblica, che stabilisce anche la durata degli organi elettivi.

Nessuno può appartenere contemporaneamente a un Consiglio o a una Giunta regionale e ad una delle Camere del Parlamento, ad un altro Consiglio o ad altra Giunta regionale, ovvero al Parlamento europeo.

Il Consiglio elegge tra i suoi componenti un Presidente e un ufficio di presidenza.

I consiglieri regionali non possono essere chiamati a rispondere delle opinioni espresse e dei voti dati nell'esercizio delle loro funzioni.

Il Presidente della Giunta regionale, salvo che lo statuto regionale disponga diversamente, è eletto a suffragio universale e diretto. Il Presidente eletto nomina e revoca i componenti della Giunta.

Art. 123[24].

Ciascuna Regione ha uno statuto che, in armonia con la Costituzione, ne determina la forma di governo e i principî fondamentali di organizzazione e funzionamento. Lo statuto regola l'esercizio del diritto di iniziativa e del referendum su leggi e provvedimenti amministrativi della Regione e la pubblicazione delle leggi e dei regolamenti regionali.

Lo statuto è approvato e modificato dal Consiglio regionale con legge approvata a maggioranza assoluta dei suoi componenti, con due deliberazioni successive adottate ad intervallo non minore di due mesi. Per tale legge non è richiesta l'apposizione del visto da parte del Commissario del Governo. Il Governo della Repubblica può promuovere la questione di legittimità costituzionale sugli statuti regionali dinanzi alla Corte costituzionale entro trenta giorni dalla loro pubblicazione.

Lo statuto è sottoposto a referendum popolare qualora entro tre mesi dalla sua pubblicazione ne faccia richiesta un cinquantesimo degli elettori della Regione o un quinto dei componenti il Consiglio regionale. Lo statuto sottoposto a referendum non è promulgato se non è approvato dalla maggioranza dei voti validi.

In ogni Regione, lo statuto disciplina il Consiglio delle autonomie locali, quale organo di consultazione fra la Regione e gli enti locali.

Art. 124.

Abrogato[25].

Art. 125[26].

Nella Regione sono istituiti organi di giustizia amministrativa di primo grado, secondo l'ordinamento stabilito da legge della Repubblica. Possono istituirsi sezioni con sede diversa dal capoluogo della Regione.

Art. 126[27].

Con decreto motivato del Presidente della Repubblica sono disposti lo scioglimento del Consiglio regionale e la rimozione del Presidente della Giunta che abbiano compiuto atti contrari alla Costituzione o gravi violazioni di legge. Lo scioglimento e la rimozione possono altresì essere disposti per ragioni di sicurezza nazionale. Il decreto è adottato sentita una Commissione di deputati e senatori costituita, per le questioni regionali, nei modi stabiliti con legge della Repubblica.

Il Consiglio regionale può esprimere la sfiducia nei confronti del Presidente della Giunta mediante mozione motivata, sottoscritta da almeno un quinto dei suoi componenti e approvata per appello nominale a maggioranza assoluta dei componenti. La mozione non può essere messa in discussione prima di tre giorni dalla presentazione.

L'approvazione della mozione di sfiducia nei confronti del Presidente della Giunta eletto a suffragio universale e diretto, nonché la rimozione, l'impedimento permanente, la morte o le dimissioni volontarie dello stesso comportano le dimissioni della Giunta e lo scioglimento del Consiglio. In ogni caso i medesimi effetti conseguono alle dimissioni contestuali della maggioranza dei componenti il Consiglio.

Art. 127[28].

Il Governo, quando ritenga che una legge regionale ecceda la competenza della Regione, può promuovere la questione di legittimità costituzionale dinanzi alla Corte costituzionale entro sessanta giorni dalla sua pubblicazione.

La Regione, quando ritenga che una legge o un atto avente valore di legge dello Stato o di un'altra Regione leda la sua sfera di competenza, può promuovere la questione di legittimità costituzionale dinanzi alla Corte costituzionale entro sessanta giorni dalla pubblicazione della legge o dell'atto avente valore di legge.

Art. 128.

Abrogato[29].

Art. 129.

Abrogato[30].

Art. 130.

Abrogato[31].

Art. 131[32].

Sono costituite le seguenti Regioni:
Piemonte;
Valle d'Aosta;
Lombardia;
Trentino-Alto Adige;
Veneto;
Friuli-Venezia Giulia;
Liguria;
Emilia-Romagna;
Toscana;
Umbria;
Marche;
Lazio;
Abruzzi;
Molise;
Campania;
Puglia;
Basilicata;
Calabria;
Sicilia;
Sardegna.

Art. 132.

Si può con legge costituzionale, sentiti i Consigli regionali, disporre la fusione di Regioni esistenti o la creazione di nuove Regioni con un minimo di un milione d'abitanti, quando ne facciano richiesta tanti Consigli comunali che rappresentino almeno un terzo delle popolazioni interessate, e la proposta sia approvata con referendum dalla maggioranza delle popolazioni stesse.

Si può, con l'approvazione della maggioranza delle popolazioni della Provincia o delle Province interessate e del Comune o dei Comuni interessati espressa mediante referendum e con legge della Repubblica, sentiti i Consigli regionali, consentire che Province e Comuni, che ne facciano richiesta, siano staccati da una Regione ed aggregati ad un'altra[33].

Art. 133.

Il mutamento delle circoscrizioni provinciali e la istituzione di nuove Province nell'ambito d'una Regione sono stabiliti con leggi della Repubblica, su iniziative dei Comuni, sentita la stessa Regione.

La Regione, sentite le popolazioni interessate, può con sue leggi istituire nel proprio territorio nuovi Comuni e modificare le loro circoscrizioni e denominazioni.

TITOLO VI
GARANZIE COSTITUZIONALI

SEZIONE I
La Corte costituzionale.

Art. 134.

La Corte costituzionale giudica:

sulle controversie relative alla legittimità costituzionale delle leggi e degli atti, aventi forza di legge, dello Stato e delle Regioni;

sui conflitti di attribuzione tra i poteri dello Stato e su quelli tra lo Stato e le Regioni, e tra le Regioni;

sulle accuse promosse contro il Presidente della Repubblica, a norma della Costituzione[34].

Art. 135[35].

La Corte costituzionale è composta di quindici giudici nominati per un terzo dal Presidente della Repubblica, per un terzo dal Parlamento in seduta comune e per un terzo dalle supreme magistrature ordinaria ed amministrative.

I giudici della Corte costituzionale sono scelti tra i magistrati anche a riposo delle giurisdizioni superiori ordinaria ed amministrative, i professori ordinari di università in materie giuridiche e gli avvocati dopo venti anni d'esercizio.

I giudici della Corte costituzionale sono nominati per nove anni, decorrenti per ciascuno di essi dal giorno del giuramento, e non possono essere nuovamente nominati.

Alla scadenza del termine il giudice costituzionale cessa dalla carica e dall'esercizio delle funzioni.

La Corte elegge tra i suoi componenti, secondo le norme stabilite dalla legge, il Presidente, che rimane in carica per un triennio, ed è rieleggibile, fermi in ogni caso i termini di scadenza dall'ufficio di giudice.

L'ufficio di giudice della Corte è incompatibile con quello di membro del Parlamento, di un Consiglio regionale, con l'esercizio della professione di avvocato e con ogni carica ed ufficio indicati dalla legge.

Nei giudizi d'accusa contro il Presidente della Repubblica, intervengono, oltre i giudici ordinari della Corte, sedici membri tratti a sorte da un elenco di cittadini aventi i requisiti per l'eleggibilità a senatore, che il Parlamento compila ogni nove anni mediante elezione con le stesse modalità stabilite per la nomina dei giudici ordinari.

Art. 136.

Quando la Corte dichiara l'illegittimità costituzionale di una norma di legge o di atto avente forza di legge, la norma cessa di avere efficacia dal giorno successivo alla pubblicazione della decisione.

La decisione della Corte è pubblicata e comunicata alle Camere ed ai Consigli regionali interessati, affinché, ove lo ritengano necessario, provvedano nelle forme costituzionali.

Art. 137.

Una legge costituzionale stabilisce le condizioni, le forme, i termini di proponibilità dei giudizi di legittimità costituzionale, e le garanzie d'indipendenza dei giudici della Corte.

Con legge ordinaria sono stabilite le altre norme necessarie per la costituzione e il funzionamento della Corte.

Contro le decisioni della Corte costituzionale non è ammessa alcuna impugnazione.

SEZIONE II
Revisione della Costituzione. Leggi costituzionali.

Art. 138.

Le leggi di revisione della Costituzione e le altre leggi costituzionali sono adottate da ciascuna Camera con due successive deliberazioni ad intervallo non minore di tre mesi, e sono approvate a maggioranza assoluta dei componenti di ciascuna Camera nella seconda votazione.

Le leggi stesse sono sottoposte a referendum popolare quando, entro tre mesi dalla loro pubblicazione, ne facciano domanda un quinto dei membri di una Camera o cinquecentomila elettori o cinque Consigli regionali. La legge sottoposta a referendum non è promulgata, se non è approvata dalla maggioranza dei voti validi.

Non si fa luogo a referendum se la legge è stata approvata nella seconda votazione da ciascuna delle Camere a maggioranza di due terzi dei suoi componenti.

Art. 139.

La forma repubblicana non può essere oggetto di revisione costituzionale.

DISPOSIZIONI TRANSITORIE E FINALI

I

Con l'entrata in vigore della Costituzione il Capo provvisorio dello Stato esercita le attribuzioni di Presidente della Repubblica e ne assume il titolo.

II

Se alla data della elezione del Presidente della Repubblica non sono costituiti tutti i Consigli regionali, partecipano alla elezione soltanto i componenti delle due Camere.

III

Per la prima composizione del Senato della Repubblica sono nominati senatori, con decreto del Presidente della Repubblica, i deputati dell'Assemblea Costituente che posseggono i requisiti di legge per essere senatori e che:

sono stati presidenti del Consiglio dei Ministri o di Assemblee legislative;

hanno fatto parte del disciolto Senato;

hanno avuto almeno tre elezioni, compresa quella all'Assemblea Costituente;

sono stati dichiarati decaduti nella seduta della Camera dei deputati del 9 novembre 1926;

hanno scontato la pena della reclusione non inferiore a cinque anni in seguito a condanna del tribunale speciale fascista per la difesa dello Stato.

Sono nominati altresì senatori, con decreto del Presidente della Repubblica, i membri del disciolto Senato che hanno fatto parte della Consulta Nazionale.

Al diritto di essere nominati senatori si può rinunciare prima della firma del decreto di nomina. L'accettazione della candidatura alle elezioni politiche implica rinuncia al diritto di nomina a senatore.

IV

Per la prima elezione del Senato il Molise è considerato come Regione a sé stante, con il numero dei senatori che gli compete in base alla sua popolazione.

V

La disposizione dell'art. 80 della Costituzione, per quanto concerne i trattati internazionali che importano oneri alle finanze o modificazioni di legge, ha effetto dalla data di convocazione delle Camere.

VI

Entro cinque anni dall'entrata in vigore della Costituzione si procede alla revisione degli organi speciali di giurisdizione attualmente esistenti, salvo le giurisdizioni del Consiglio di Stato, della Corte dei conti e dei tribunali militari.

Entro un anno dalla stessa data si provvede con legge al riordinamento del Tribunale supremo militare in relazione all'articolo 111.

VII[36]

Fino a quando non sia emanata la nuova legge sull'ordinamento giudiziario in conformità con la Costituzione, continuano ad osservarsi le norme dell'ordinamento vigente.

Fino a quando non entri in funzione la Corte costituzionale, la decisione delle controversie indicate nell'articolo 134 ha luogo nelle forme e nei limiti delle norme preesistenti all'entrata in vigore della Costituzione.

VIII

Le elezioni dei Consigli regionali e degli organi elettivi delle amministrazioni provinciali sono indette entro un anno dall'entrata in vigore della Costituzione.

Leggi della Repubblica regolano per ogni ramo della pubblica amministrazione il passaggio delle funzioni statali attribuite alle Regioni. Fino a quando non sia provveduto al riordinamento e alla distribuzione delle funzioni amministrative fra gli enti locali restano alle Provincie ed ai Comuni le funzioni che esercitano attualmente e le altre di cui le Regioni deleghino loro l'esercizio.

Leggi della Repubblica regolano il passaggio alle Regioni di funzionari e dipendenti dello Stato, anche delle amministrazioni centrali, che sia reso necessario dal nuovo ordinamento. Per la formazione dei loro uffici le Regioni devono, tranne che in casi di necessità, trarre il proprio personale da quello dello Stato e degli enti locali.

IX

La Repubblica, entro tre anni dall'entrata in vigore della Costituzione, adegua le sue leggi alle esigenze delle autonomie locali e alla competenza legislativa attribuita alle Regioni.

X

Alla Regione del Friuli-Venezia Giulia, di cui all'art. 116, si applicano provvisoriamente le norme generali del Titolo V della parte seconda, ferma restando la tutela delle minoranze linguistiche in conformità con l'art. 6.

XI

Fino a cinque anni dall'entrata in vigore della Costituzione si possono, con leggi costituzionali, formare altre Regioni, a modificazione dell'elenco di cui all'art. 131, anche senza il concorso delle condizioni richieste dal primo comma dell'articolo 132, fermo rimanendo tuttavia l'obbligo di sentire le popolazioni interessate[37].

XII

È vietata la riorganizzazione, sotto qualsiasi forma, del disciolto partito fascista.

In deroga all'articolo 48, sono stabilite con legge, per non oltre un quinquennio dall'entrata in vigore della Costituzione, limitazioni temporanee al diritto di voto e alla eleggibilità per i capi responsabili del regime fascista.

XIII[38]

I beni, esistenti nel territorio nazionale, degli ex re di Casa Savoia, delle loro consorti e dei loro discendenti maschi, sono avocati allo Stato. I trasferimenti e le costituzioni di diritti reali sui beni stessi, che siano avvenuti dopo il 2 giugno 1946, sono nulli.

XIV

I titoli nobiliari non sono riconosciuti.

I predicati di quelli esistenti prima del 28 ottobre 1922 valgono come parte del nome.

L'Ordine mauriziano è conservato come ente ospedaliero e funziona nei modi stabiliti dalla legge.

La legge regola la soppressione della Consulta araldica.

XV

Con l'entrata in vigore della Costituzione si ha per convertito in legge il decreto legislativo luogotenenziale 25 giugno 1944, n. 151, sull'ordinamento provvisorio dello Stato.

XVI

Entro un anno dall'entrata in vigore della Costituzione si procede alla revisione e al coordinamento con essa delle precedenti leggi costituzionali che non siano state finora esplicitamente o implicitamente abrogate.

XVII

L'Assemblea Costituente sarà convocata dal suo Presidente per deliberare, entro il 31 gennaio 1948, sulla legge per la elezione del Senato della Repubblica, sugli statuti regionali speciali e sulla legge per la stampa.

Fino al giorno delle elezioni delle nuove Camere, l'Assemblea Costituente può essere convocata, quando vi sia necessità di deliberare nelle materie attribuite alla sua competenza dagli articoli 2, primo e secondo comma, e 3, comma primo e secondo, del decreto legislativo 16 marzo 1946, n. 98.

In tale periodo le Commissioni permanenti restano in funzione. Quelle legislative rinviano al Governo i disegni di legge, ad esse trasmessi, con eventuali osservazioni e proposte di emendamenti.

I deputati possono presentare al Governo interrogazioni con richiesta di risposta scritta.

L'Assemblea Costituente, agli effetti di cui al secondo comma del presente articolo, è convocata dal suo Presidente su richiesta motivata del Governo o di almeno duecento deputati.

XVIII

La presente Costituzione è promulgata dal Capo provvisorio dello Stato entro cinque giorni dalla sua approvazione da parte dell'Assemblea Costituente, ed entra in vigore il 1° gennaio 1948.

Il testo della Costituzione è depositato nella sala comunale di ciascun Comune della Repubblica per rimanervi esposto, durante tutto l'anno 1948, affinché ogni cittadino possa prenderne cognizione.

La Costituzione, munita del sigillo dello Stato, sarà inserita nella Raccolta ufficiale delle leggi e dei decreti della Repubblica.

La Costituzione dovrà essere fedelmente osservata come Legge fondamentale della Repubblica da tutti i cittadini e dagli organi dello Stato.

Data a Roma, addì 27 dicembre 1947

ENRICO DE NICOLA

Controfirmano:
Il Presidente dell'Assemblea Costituente
UMBERTO TERRACINI

Il Presidente del Consiglio dei Ministri
ALCIDE DE GASPERI

V: *il Guardasigilli* GRASSI

Note

Il testo della Costituzione italiana con le successive modifiche costituzionali, qui riprodotto, è in tutto conforme a quello pubblicato nella Gazzetta Ufficiale (del 1947 e degli anni successivi).

1 *(Nota all'art. 10, quarto comma).*
A norma dell'articolo unico della legge costituzionale 21 giugno 1967, n. 1, «l'ultimo comma dell'art. 10 della Costituzione non si applica ai delitti di genocidio».

2 *(Nota all'art. 26, secondo comma).*
A norma dell'articolo unico della legge costituzionale 21 giugno 1967, n. 1, «l'ultimo comma dell'art. 26 della Costituzione non si applica ai delitti di genocidio».

3 *(Nota all'art. 27, quarto comma).*
Comma così modificato con l'art. 1 della legge costituzionale 2 ottobre 2007, n. 1. Il testo precedente recitava: «non è ammessa la pena di morte, se non nei casi previsti dalle leggi militari di guerra».

4 *(Nota all'art. 48, terzo comma).*
Comma inserito con l'art. 1 della legge costituzionale 17 gennaio 2000, n. 1.

5 *(Nota all'art. 51, primo comma, secondo periodo).*
Il periodo è stato aggiunto con l'art. 1 della legge costituzionale 30 maggio 2003, n. 1.

6 *(Nota all'art. 56).*
Articolo così sostituito dapprima con l'art. 1 della legge costituzionale 9 febbraio 1963, n. 2, e poi modificato, nei commi secondo e quarto, con l'art. 1 della legge costituzionale 23 gennaio 2001, n. 1.

7 *(Nota all'art. 57).*
Articolo così sostituito dapprima con l'art. 2 della legge costituzionale 9 febbraio 1963, n. 2, e successivamente modificato nel terzo comma dalla legge costituzionale 27 dicembre 1963, n. 3, che ha istituito la Regione Molise, nonché nel primo, secondo e quarto comma con l'art. 2 della legge costituzionale 23 gennaio 2001, n. 1.

8 *(Nota all'art. 60, primo comma).*
Comma così sostituito con l'art. 3 della legge costituzionale 9 febbraio 1963, n. 2.

9 *(Nota all'art. 68).*
Articolo così sostituito con la legge costituzionale 29 ottobre 1993, n. 3.

10 *(Nota all'art. 79).*
Articolo così sostituito con la legge costituzionale 6 marzo 1992, n. 1.

11 *(Nota all'art. 88, secondo comma).*
Comma così sostituito con la legge costituzionale 4 novembre 1991, n. 1.

12 *(Nota all'art. 96).*
Articolo così sostituito con l'art. 1 della legge costituzionale 16 gennaio 1989, n. 1.

13 *(Nota all'art. 107, primo comma).*
Nel testo pubblicato nella edizione straordinaria della G.U. 27 dicembre 1947, per errore tipografico, in luogo di «funzioni» compariva la parola «funzionari»: cfr. errata-corrige in G.U. 3 gennaio 1948, n. 2.

14 *(Nota all'art. 111).*
I primi cinque commi sono stati introdotti con l'art. 1 della legge costituzionale 23 novembre 1999, n. 2.

15 *(Nota all'art. 114).*
Articolo così sostituito dall'art. 1 della legge costituzionale 18 ottobre 2001, n. 3.

16 *(Nota all'art. 115).*
Articolo abrogato con l'art. 9, comma 2, della legge costituzionale n. 3 del 2001.

17 *(Nota all'art. 116).*
Articolo così sostituito con l'art. 2 della legge costituzionale n. 3 del 2001 (G.U. 24 ottobre 2001, n. 248).

18 *(Nota all'art. 117).*
Articolo così sostituito con l'art. 3 della legge costituzionale n. 3 del 2001.

19 *(Nota all'art. 118).*
Articolo così sostituito con l'art. 4 della legge costituzionale n. 3 del 2001.

20 *(Nota all'art. 119).*
Articolo così sostituito con l'art. 5 della legge costituzionale n. 3 del 2001.

21 *(Nota all'art. 120).*
Articolo così sostituito con l'art. 6 della legge costituzionale n. 3 del 2001.

22 *(Nota all'art. 121).*
Articolo così modificato, nel secondo e quarto comma, con la legge costituzionale 22 novembre 1999, n. 1.

23 *(Nota all'art. 122).*
Articolo così sostituito con l'art. 2 della legge costituzionale 22 novembre 1999, n. 1.

24 *(Nota all'art. 123).*
Articolo così sostituito con l'art. 3 della legge costituzionale 22 novembre 1999, n. 1; l'ultimo comma è stato successivamente aggiunto con l'art. 7 della legge costituzionale n. 3 del 2001.

25 *(Nota all'art. 124).*
Articolo abrogato con l'art. 9, comma 2, della legge costituzionale n. 3 del 2001.

26 *(Nota all'art. 125).*
Il primo comma è stato abrogato con l'art. 9, comma 2, della legge costituzionale n. 3 del 2001.

27 *(Nota all'art. 126).*
Articolo così sostituito con l'art. 4 della legge costituzionale 22 novembre 1999, n. 1.

28 *(Nota all'art. 127).*
Articolo così sostituito con l'art. 8 della legge costituzionale n. 3 del 2001.

29 *(Nota all'art. 128).*
Articolo abrogato con l'art. 9, comma 2, della legge costituzionale n. 3 del 2001.

30 *(Nota all'art. 129).*
Articolo abrogato con l'art. 9, comma 2, della legge costituzionale n. 3 del 2001.

31 *(Nota all'art. 130).*
Articolo abrogato con l'art. 9, comma 2, della legge costituzionale n. 3 del 2001.

32 *(Nota all'art. 131).*
Articolo così modificato con l'art. 1 della legge costituzionale 27 dicembre 1963, n. 3, istitutiva della Regione «Molise».

33 *(Nota all'art. 132, secondo comma).*
Comma così modificato con l'art. 9, comma 1, della legge costituzionale n. 3 del 2001.

34 *(Nota all'art. 134).*
L'ultimo capoverso è stato così modificato con l'art. 2 della legge costituzionale 16 gennaio 1989, n. 1.

35 *(Nota all'art. 135).*
Articolo così sostituito con l'art. 1 della legge costituzionale 22 novembre 1967, n. 2, e successivamente modificato, nell'ultimo comma, dalla legge costituzionale 16 gennaio 1989, n. 1.

36 *(Nota alla VII delle disposizioni transitorie e finali).*
Il terzo comma è stato abrogato con l'art. 7 della legge costituzionale 22 novembre 1967.

37 *(Nota alla XI delle disposizioni transitorie e finali).*
Il termine, previsto in questo articolo, è stato prorogato al 31 dicembre 1963 con la legge costituzionale 18 marzo 1958, n. 1, ed entro lo

stesso termine è stata istituita, con la legge costituzionale 27 dicembre 1963, n. 3, la Regione Molise.

38 *(Nota alla XIII delle disposizioni transitorie e finali).*

A' termini della legge costituzionale 23 ottobre 2002, n. 1, «i commi primo e secondo della XIII disposizione transitoria e finale della Costituzione esauriscono i loro effetti a decorrere dalla data di entrata in vigore della presente legge costituzionale».

Detti commi disponevano quanto segue:

XIII disp. trans. e fin.

«I membri e i discendenti di Casa Savoia non sono elettori e non possono ricoprire uffici pubblici né cariche elettive.

Agli ex re di Casa Savoia, alle loro consorti e ai loro discendenti maschi sono vietati l'ingresso e il soggiorno nel territorio nazionale».

Finito di stampare nel mese di febbraio 2012
dalla litosei, via rossini 10, rastignano, (bologna)
www.litosei.com

Stampato su carta Munken Print White di Arctic Paper,
prodotta nel pieno rispetto del patrimonio boschivo

farsi un'**idea**

Europa
L'Unione europea, *di Piero S. Graglia*
L'allargamento dell'Unione europea, *di Enrico Letta*
L'Europa a venticinque, *di Enrico Letta*
L'economia europea, *di Paolo Guerrieri e Pier Carlo Padoan*
Il Parlamento europeo, *di Luciano Bardi e Piero Ignazi*
Il mercato unico europeo, *di Roberto Santaniello*
L'euro, *di Lorenzo Bini Smaghi*
La Banca centrale europea, *di Francesco Papadia e Carlo Santini*

Politica e istituzioni
Lo stato e la politica, *di Paolo Pombeni*
Lo Stato di diritto, *di Roberto Bin*
Il governo delle democrazie, *di Augusto Barbera e Carlo Fusaro*
Il federalismo, *di Sofia Ventura*
La classe politica, *di Gianfranco Pasquino*
I think tank, *di Mattia Diletti*
Donne e politica, *di Giuditta Brunelli*
Partiti politici in Italia, *di Piero Ignazi*
Il sistema politico italiano, *di Carlo Guarnieri*
La Costituzione, *di Valerio Onida*
La Corte costituzionale, *di Alfonso Celotto*
Il presidente della Repubblica, *di Carlo Fusaro*
Il governo della Repubblica, *di Piero Calandra*
La legge finanziaria, *di Luca Verzichelli*
Le autorità indipendenti, *di Fabio Merusi e Michele Passaro*
La pubblica amministrazione, *di Marco Cammelli*

Le Regioni, *di Raffaele Bifulco*
Il governo locale, *di Luciano Vandelli*
La burocrazia, *di Guido Melis*
La giustizia in Italia, *di Carlo Guarnieri*
La giustizia amministrativa, *di Guido Corso*
La giustizia tributaria, *di Francesco Pistolesi*
Il processo penale, *di Giulio Ubertis*
Separarsi e divorziare, *di Bruno de Filippis*
Il giudice dei minori, *di Luigi Fadiga*
La tutela internazionale dei diritti umani, *di Salvatore Zappalà*
La giustizia penale internazionale, *di Salvatore Zappalà*
La Nato, *di Marco Clementi*

Economia

L'economia italiana, *di L. Federico Signorini e Ignazio Visco*
L'agricoltura in Italia, *di Roberto Fanfani*
L'industria italiana, *di Magda Bianco*
Il commercio in Italia, *di Luca Pellegrini*
Il made in Italy, *di Marco Fortis*
Il brand, *di Veronica Gabrielli*
Il debito pubblico, *di Ignazio Musu*
L'evasione fiscale, *di Alessandro Santoro*
La ricchezza degli italiani, *di Luigi Cannari e Giovanni D'Alessio*
Le famiglie italiane, *di Luigi Cannari e Giovanni D'Alessio*
Il mercato, *di Giuseppe Bertola*
La new economy, *di Elena Vaciago e Giacomo Vaciago*
Concorrenza e antitrust, *di Alberto Pera*
Corporate governance, *di Alessandro Goglio e Andrea Goldstein*
Le assicurazioni, *di Giovanni Cucinotta e Laura Nieri*
Finanza e credito in Italia, *di Francesco Cesarini e Giorgio Gobbi*
La Borsa, *di Francesco Cesarini e Paolo Gualtieri*
I fondi comuni di investimento, *di Francesco Cesarini e Paolo Gualtieri*
Tfr e fondi pensione, *di Riccardo Cesari*
La cooperazione, *di Stefano Zamagni e Vera Zamagni*
Nonprofit, *di Gian Paolo Barbetta e Francesco Maggio*
Il microcredito, *di Leonardo Becchetti*
Economia e finanza islamica, *di Rony Hamaui e Marco Mauri*
Il Fondo monetario internazionale, *di Giuseppe Schlitzer*
La Banca mondiale, *di Alessandro Magnoli Bocchi e Matteo Piazza*
Il Wto, *di Antonio Parenti*
I fondi sovrani, *di Alberto Quadrio Curzio e Valeria Miceli*
La moneta, *di Andrea Terzi*
La banca, *di Giuseppe Marotta*

I fondi pensione, *di Riccardo Cesari*
Le multinazionali, *di Andrea Goldstein e Lucia Piscitello*
Globalizzazione e sviluppo, *di Federico Bonaglia e Andrea Goldstein*
La cooperazione internazionale allo sviluppo, *di Federico Bonaglia e Vincenzo de Luca*
La cancellazione del debito dei paesi poveri, *di Guido de Blasio e Alberto Dalmazzo*

Società

La popolazione del pianeta, *di Antonio Golini*
Gli immigrati in Italia, *di Asher Colombo e Giuseppe Sciortino*
Le nuove famiglie, *di Anna Laura Zanatta*
Nuove madri e nuovi padri, *di Anna Laura Zanatta*
L'adozione, *di Luigi Fadiga*
Storia dell'aborto, *di Giulia Galeotti*
Il capitale umano, *di Piero Cipollone e Paolo Sestito*
La scuola in Italia, *di Marcello Dei*
L'università in Italia, *di Giliberto Capano*
Il rendimento scolastico, *di Giancarlo Gasperoni*
Laurea e lavoro, *di Anna Laura Trombetti e Alberto Stanchi*
Occupati e disoccupati in Italia, *di Emilio Reyneri*
Donne al lavoro, *di Maria Letizia Pruna*
Il volontariato, *di Costanzo Ranci*
I new global, *di Donatella della Porta*
Gli scout, *di Mario Sica*
Il giornale, *di Paolo Murialdi*
Televisioni, *di Enrico Menduni*
La fotografia, *di Enrico Menduni*
La pubblicità, *di Annamaria Testa*
I sondaggi, *di Mauro Barisione e Renato Mannheimer*
Droghe e tossicodipendenza, *di Simonetta Piccone Stella*
Prevenire la criminalità, *di Marzio Barbagli e Uberto Gatti*
La sicurezza stradale, *di Rodolfo Lewanski e Chiara Tintori*

Religione

L'induismo, *di Giorgio Renato Franci*
Il buddhismo, *di Giorgio Renato Franci*
Yoga, *di Giorgio Renato Franci*
Il daoismo, *di Attilio Andreini e Maurizio Scarpari*
Il confucianesimo, *di Tiziana Lippiello*
Gli ebrei, *di Piero Stefani*
I musulmani, *di Paolo Branca*
I sunniti, *di Massimo Campanini*

Gli sciiti, *di Anna Vanzan*
Gli ortodossi, *di Enrico Morini*
I protestanti, *di Massimo Rubboli*
La Bibbia, *di Piero Stefani*
I Vangeli apocrifi, *di Claudio Gianotto*
L'Apocalisse, *di Piero Stefani*
Il Corano, *di Paolo Branca*
La Kabbalah, *di Giorgio Israel*
Il giubileo, *di Lucetta Scaraffia*
La Chiesa in Italia, *di Franco Garelli*
I preti, *di Marcello Offi*
Comunione e liberazione, *di Salvatore Abbruzzese*
New Age, *di Luigi Berzano*
Le sette, *di Enzo Pace*

Psicologia

Il cervello, *di Carlo Umiltà*
Neuroni specchio, *di Laila Craighero*
La mente, *di Paolo Legrenzi*
Creatività e innovazione, *di Paolo Legrenzi*
La fantasia, *di Paolo Legrenzi*
Il linguaggio, *di Patrizia Tabossi*
La memoria, *di Anna Maria Longoni*
La distrazione, *di Maria A. Brandimonte*
Noi e i numeri, *di Luisa Girelli*
Decidere, *di Rino Rumiati*
Rischiare, *di Lucia Savadori e Rino Rumiati*
Mentire, *di Luigi Anolli*
Credere, *di Paolo Legrenzi*
Odiare, *di Marcella Ravenna*
Perdonare, *di Camillo Regalia e Giorgia Paleari*
Donne e uomini, *di Raffaella Rumiati*
Gay e lesbiche, *di Luca Pietrantoni e Gabriele Prati*
L'infanzia, *di Luigia Camaioni*
Il bambino va a scuola, *di Guido Petter*
Gli adolescenti, *di Augusto Palmonari*
Crescere con la Tv e Internet, *di Luciano Arcuri*
Invecchiare, *di Renzo Scortegagna*
Attaccamento e amore, *di Grazia Attili*
La felicità, *di Paolo Legrenzi*
L'ottimismo, *di Luigi Anolli*
L'autostima, *di Maria Miceli*
Il narcisismo, *di Antonio Alberto Semi*
La gelosia, *di Sergio Benvenuto*

La timidezza, *di Giovanna Axia*
La vergogna, *di Luigi Anolli*
Sentirsi in colpa, *di Paola Di Blasio e Roberta Vitali*
Arrabbiarsi, *di Valentina D'Urso*
La paura, *di Maria Rita Ciceri*
Stereotipi e pregiudizi, *di Bruno M. Mazzara*
Il conformismo, *di Angelica Mucchi Faina*
Stare in gruppo, *di Giuseppina Speltini*
Comunicazione e persuasione, *di Nicoletta Cavazza*
Le buone maniere, *di Valentina D'Urso*
Lo stress, *di Mario Farnè*
L'ansia, *di Mario Farnè*
Disturbi psicosomatici, *di Giancarlo Trombini e Franco Baldoni*
La depressione, *di Giovanni Jervis*
Le psicoterapie, *di Ezio Sanavio*
Le difficoltà di apprendimento a scuola, *di Cesare Cornoldi*
Bambini disattenti e iperattivi, *di Gian Marco Marzocchi*
La dislessia, *di Giacomo Stella*
L'autismo, *di Luca Surian*
Il ritardo mentale, *di Pietro Pfanner e Mara Marcheschi*
La sindrome di Down, *di Stefano Vicari*
Ragazzi violenti, *di Filippo Muratori*

Scienza, medicina e ambiente

La teoria dell'evoluzione, *di Telmo Pievani*
Storia della vita sulla terra, *di Raffaele Sardella*
L'era glaciale, *di Raffaele Sardella*
La biodiversità, *di Marcello Buiatti*
La vita del mare, *di Maria B. Rasotto*
Scimmie, *di Giorgio Manzi e Julia Rizzo*
Homo sapiens, *di Giorgio Manzi*
L'evoluzione umana, *di Giorgio Manzi*
Uomini e ambienti, *di Giorgio Manzi*
Popolazioni e diversità genetica, *di Luciano Terrenato*
Osservare l'universo, *di Paolo De Bernardis*
L'esplorazione dello spazio, *di Giovanni F. Bignami*
L'energia pulita, *di Pietro Menna*
L'energia solare, *di Pietro Menna e Francesco Pauli*
La geotermia, *di Adele Manzella e Carlo Ungarelli*
L'energia nucleare, *di Luigi De Paoli*
Lo sviluppo sostenibile, *di Alessandro Lanza*
Abitare sostenibile, *di Giuliano Dall'Ò e Annalisa Galante*
Il risparmio energetico, *di Arturo Lorenzoni*
I rifiuti, *di Antonio Massarutto*

L'acqua, *di Antonio Massarutto*
Il cambiamento climatico, *di Alessandro Lanza*
Le cellule staminali, *di Maurilio Sampaolesi*
La procreazione assistita, *di Carlo Flamigni*
Le biotecnologie, *di Marcello Buiatti*
L'alimentazione, *di Ottavio Bosello e Vincenzo Di Francesco*
Anoressie e bulimie, *di Massimo Cuzzolaro*
Obesità e sovrappeso, *di Ottavio Bosello e Massimo Cuzzolaro*
Il sonno e i suoi disturbi, *di Elio Lugaresi*
Virus e batteri, *di Michele La Placa*
I farmaci, *di Stefano Cagliano e Alessandro Liberati*
Alzheimer, *di Angelo Bianchetti e Marco Trabucchi*
Ricerca & Sviluppo, *di Giorgio Sirilli*